성경 읽기 프로젝트
【몸으로 영으로】

몸 으 로 영 으 로

성경 읽기
프로젝트

고원석 · 손성현 함께 씀

동연

감사의 글 ────────────

이 책이 나오기까지 많은 분들의 도움이 있었습니다. 먼저 이 교재는 2015년 소망교회를 담임하시던 김지철 목사님(현 미래목회연구소장)의 제안으로 시작되었습니다. 성경 학습의 새로운 패러다임을 고심하던 김 목사님께서 성서교수학을 전공한 필자들에게 교재 개발을 제안하셨고, 그것이 두 사람의 공동연구로 이어졌습니다.

이 교재는 그냥 머리로 생각해서 만든 것이 아니라 여러 해를 거쳐 감리교신학대학교와 장로회신학대학교의 젊은이들과 함께 '몸'으로 어울리고 '영'으로 호흡하며 빚어낸 작품입니다. 그런 수업을 기획하고 함께 형상화하고 경험할 수 있었던 것은 저희 두 사람의 큰 기쁨이었습니다. 저희도 수업에 참여하면서 학생들과 더불어 적극적으로 활동하고 대화하는 시간이 있었기에 현재의 교재로 발전시킬 수 있었습니다.

앞으로도 계속해서 성경의 말씀을 이렇게 온몸과 영으로 만날 수 있으면 참 좋겠다고 생각합니다. 영과 몸이 동시에 깨어나는 성경공부가 한국교회 이곳저곳에서 많아지고, 참신하고 실험적이면서도 신학적·교육학적으로 근거가 확실한 시도들이 이어졌으면 좋겠다고 생각합니다. 그런 의미에서 이 작은 책은 '마중물'입니다.

미래 세대와도 시원하게 소통할 수 있는 지혜의 물줄기가 터져나오는 성경공부, 답답한 현실일망정 야무지게 부딪혀서 헤쳐 나가보자는 의지가 콸콸 쏟아져 나오는 성경공부! 그런 성경공부에 대한 소망을 품고서 비록 적은 분량이지만 '앞으로'(pro) '던진 것'(jectum)이 바로 이『성경 읽기 프로젝트Project, 몸으로 영으로』입니다. 읽고 궁리하고 시도하는 바로 여러분의 몸과 영에서 이 세상과 교회의 갈증을 씻어줄 맑은 물이 흘러나오기를 기대하고 기도합니다.

2019년 8월 8일

고원석 · 손성현

"내 몸과 영이 살아계신 하나님께 부르짖나이다"(시편 84:2b).

몸은 오늘 우리 시대의 주된 관심사 가운데 하나입니다. 인간은 언제나 몸 안에서, 몸을 통해, 몸과 더불어 살아가니까 몸에 대한 관심은 당연한 것 아닐까요? 그런데도 요즘은 유난히도 몸에 관심이 많은 것 같습니다. 좀 더 정확히 표현하면 '보암직한' 육체에 대한 관심입니다. 많은 사람들이 과도하게 육체의 아름다움에 몰두하다 보니 인간에게서 다른 아름다움을 봐내지 못하는 것은 아닌가 우려스러울 때가 종종 있습니다. 잘 생각해봐야 합니다. 육체의 아름다움을 숭배하는 사회적 분위기 속에서 인간의 몸은 오히려 "혐오의 대상이자, 전쟁터 그리고 풀리지 않는 갈등을 집결시키는 장소"(발트라우트 포슈,『몸 ─ 숭배와 광기』, 132쪽)가 되곤 하니까요. 나의 몸보다 아름다워 보이는 몸을 부러워하며 절망하거나, 그런 몸을 만들기 위해서 강박적으로 노력하는 사람들이 많아졌습니다. 나와 남이 보기에 아름답지 못한 몸은 다소간 부끄러움의 대상이 됩니다. 몸에 대한 관심이 높아졌다고는 하지만, 곰곰 생각해보면 몸의 자연스러움이 무시되고 있는 현실입니다. 자꾸 나의(남의) 욕망이 원하는 대로 몸을 바꾸

려고만 합니다. 그래서일까요? 몸을 있는 그대로 사랑할 수 있는 영(혼)이 그 어느 때보다 필요하다는 생각이 듭니다.

우리의 몸이 있는 그대로의 생명력을 잃어가는 또 하나의 풍경이 있습니다. 디지털 테크놀로지가 지배하는 세상에서 우리의 몸이 구체적인 움직임과 만남의 역동성을 경험하는 시간은 점점 줄어들고 있습니다. 몸을 써서 하는 일은 여전히 충분한 존중을 받지 못하고 있습니다. 누군가와 몸으로 만나서 서로에게 집중하며 대화할 수 있는 기회가 많지 않습니다. 그에 비해 컴퓨터나 스마트폰과 더불어 보내는 시간은 급속도로 늘어나고 있습니다. 그로 인해 사람들의 (특히 젊은 세대의) 사회적 역량이 감소되고 우정이 감소되고 자기 통제력도 감소하며 스트레스가 증가하며 결국 치매, 즉 정신의 추락Dementia이 일어날 수 있다는 경고의 목소리도 있지만(만프레드 슈피처, 『디지털 치매』) 디지털 미디어의 영향력은 그야말로 막강합니다. 우리는 몸을 써서 우리를 표현하는 길을 잃어버리고 있습니다. 몸으로 누군가에게 다가가서 우정을 꽃피우는 능력을 점점 잃어버리고 있습니다. 그래서 단체로 외로운 인간입니다(셰리 터클, 『외로워지는 인간』).

너무나도 절실한 깨달음이 차오릅니다. 우리의 '몸'은 '영'을 필요로 합니다. 하나 되게 하는 '영' 말입니다. 그런데 딱 그만큼 '영'도 '몸'을 필요로 합니다. 절절한 느낌과 구체적 만남이 일어나는 '몸', 그래서 하나 되게 하는 '몸' 말입니다.

영적인 세계를 추구하는 사람들의 말이나 글을 접하면 몸을 경계하고 경시하고 아예 경멸하는 경향이 느껴질 때가 있습니다. 한쪽에는 거룩하고 고귀한 영이 있고 다른 한쪽에는 비천한 몸이 있는데, 우리가 마땅히 추구해야 할 것은 영이라고 말하는 것입니다. 몸과 관련된 부정적인 경험을 떠올리다 보면 그런 말이 옳다고 생각할 때도 있지요. 몸은 늘 어느 공간에 묶여 있고 시간의 흐름 속에서 쇠약해지고 언젠가는 소멸하고 맙니다. 탁 트인 의지와는 무관하게 지쳐 늘어지는 몸, 거룩하고 진실하게 살려는 마음에서 자꾸 비껴나가 욕망의 도구가 되어버린 것 같은 몸, 언젠가는 허무하게 썩어져버릴 몸……. 그 몸의 소리를 애써 외면하고 어떤 영적인 덕목을 추구해야만 올바른 삶을 살 것이라는 메시지는 너무나도 익숙합니다. 특히 교회라는 공간에서는 말입니다. 몸의 움직임이 최대한 절제된 상태에서 읽고 듣고 기도하는 곳—교회라는 공간은 흔히 그렇게 각인되어 있습니다.

그러나 '몸'을 이런 식으로 '영'과 분리시키는 것은, 나아가 '몸'을 부정적으로 보는 것은 적어도 성경의 가르침과는 전혀 맞지 않습니다. 구약성경에서는 '몸'과 '영'이 분리되지 않은 하나의 '인간생명'이 부각됩니다. 신약성서는 '몸'이 되신 하나님의 말씀, 예수 그리스도의 구체적인 사역을 생생하게 그려냅니다. 현대 기독교 신학도 몸을 부정적으로 보지 않습니다. 인간이라는 존재는 결코 '영'으로만 살 수 없으며, 흔히 '영'이라고 생각했던 것도 사실은 결코 '몸'과 분리될 수 없는 부분입니다. 우리는 그런 '몸'이고 오직 그 '몸'으로 풍성한 삶을 살 수 있으며 하나님과 사귐의 삶을 살 수 있습니다(다니엘 밀리오리, 『기독교 조직신학 개론』, 187쪽).

　　곰곰이 생각해보니 우리가 몸의 책임으로 돌렸던 여러 가지 부정적인 특징들이 사실은 몸만의 문제가 아니라 '인간생명' 전체가 안고 있는 문제라고 해야 맞을 것 같습니다. 그 문제를 제대로 풀기 위해서라도 몸을 자꾸만 배제하는 것이 아니라 적극적으로 끌어안아야 할 것입니다. 몸의 목소리에 귀를 기울이고 몸과 더불어 훈련할 때 '인간생명'의 올바른 모습을 더 잘 찾아나갈 수 있습니다.

　　그 어느 때보다도 절실한 바람이 하나 떠오릅니다. 그것은 '몸'의 움직임이 최대한 절제되던 공간, 곧 교회에서 '영'과 '몸'의 하나 됨이 가장 절절하게 경험되는 것입니다. 몸의 여러 감각이 영적인 탐구와 공부의 과정에 자연스럽게 스며드는 것입니다. 머리와 가슴에 머물던 감동이 몸 전체로 퍼져나갑니다. 하나님의 뜻을 찾아나가는 지적인 노력이 우리 몸의 움직임과도 맞물려 더욱 구체적인 것이 됩니다. 그 덕분에 우리의 몸도 새로운 활력을 느낄 수 있습니다. 지나치게 다른 사람의 눈을 의식하던 몸, 무기력하게 정체되어 있던 몸이 아니라 '영'의 흐름과 보조를 맞춰가는 몸, "영이 깃들어 있는 몸"의 생명력을 되찾는 것입니다.

그런 우리의 '바람'이 온전한 몸이 되어〔具體化/구체화〕여기 일곱 번의 성경공부 프로그램으로 서 있습니다. 가만히 앉아서 읽고 새기는 성경공부 방식을 보완하기 위하여 조금씩이나마 '몸'으로 참여할 수 있는 교육 '방식'을 제안해보았습니다. 그러나 성경공부의 '내용'도 우리의 몸에 대한 깊은 성찰을 담고 있습니다. '몸'과 '영'을 자꾸만 아우르고 교차시키는 성경공부를 통해서 우리의 영은 더 구체화되고, 우리의 몸은 더 근원적인 생기를 공급 받을 수 있기 바랍니다.

차 례

내용 구성과 진행 과정에 관한 소개 ────────

1. 내용 구성

본 교재는 개인의 경건과 영성을 훈련하고 성장시키기 위한 것이며,
일곱 가지 기독교 신앙의 주제를 중심으로 구성되어 있습니다. 일곱
가지 주제는 전통적인 교의학의 틀을 이루고 있는 '창조, 인간, 죄,
구속(화해), 변화(회심), 결단, 신앙과 삶'을 그 내용으로 합니다. 본
교재가 개인의 경건과 영성을 위한 프로그램이라는 점에서, 객관화
된 교의학적 표현 대신 훈련에 참여한 '자신'(나)을 깊이 돌아볼 수
있는 훈련의 내용과 제목을 사용하였습니다. 각 과는 『성경, 어떻게
가르칠 것인가』(게르트 타이쎈/고원석·손성현 옮김)에 나오는 주요 '모
티브'를 중심으로 몸과 영이 교차하는 성경 읽기 및 경건 훈련을 진행
해나갑니다.

　제1과는 하나님의 창조사건 앞에 서 있는 '나'를 주제로 삼았습니
다. "내가 여기 있나이다"라는 제목 아래 시편 139장 1-10절을 본문
으로 삼아 인간의 정체성에 대한 물음을 성경의 창조 신앙과 관련하
여 풀어가고자 합니다.

　제2과는 파트너인 인간(나)의 모습을 주제로 삼았습니다. "나는

파트-너"(너의 부분)라는 제목 아래 고린도전서 12장 20-26절 본문을 중심으로 삼아 한 몸 이룬 지체인 나와 너를 살펴보도록 합니다.

제3과는 소외된 존재인 '나'의 모습을 다룹니다. "자기 속으로 구부러진 나"라는 제목 아래 로마서 1장 28절-2장 1절을 읽으면서 오늘의 현실 속에서 몸과 영이 분리된 채, 몸의 관계를 상실한 나 자신의 모습을 살펴볼 것입니다.

제4과는 소외를 극복하고 너에게 다가가는 '나'의 모습을 다룹니다. "잃어버린 너를 찾아서!"라는 제목 아래 누가복음 19장 1-10절의 삭개오 이야기를 중심으로 서로 간의 벽을 허물고 '너'를 수용하는 훈련을 합니다.

제5과는 그리스도를 품고 살아가는 '나'를 주제로 삼았습니다. "주님께서 너와 함께"라는 제목 아래 누가복음 24장 13-35절을 읽습니다. 부활하신 그리스도께서 나누신 떡과 잔을 성찰함으로써 그리스도를 몸으로 품는 자신의 모습을 발견하고자 합니다.

제6과는 새롭게 결단하는 '나'를 주제로 삼았습니다. "너는 떠나가라"라는 메시지를 가진 창세기 11장 27절-12장 4절을 읽고 새기면서 새로운 몸과 영의 삶을 위해 길 떠나는 나를 훈련합니다.

제7과는 그리스도인으로서 우리가 소망하는 행복의 길을 주제로 삼았습니다. "너, 복있는 사람아"라는 제목 아래 시편 1장 1-6절과 마태복음 13장 44절의 말씀을 중심으로 행복한 삶을 위한 도(道)와 지혜를 성찰하며 전체 과정을 마무리하려고 합니다.

전체 훈련 과정을 정리하면 다음과 같습니다.

주제와 본문	설명(모티브)
1과 "내가 여기 있나이다" — 하나님의 지음받은 존재 성경: 시편 139:1-10	창조 모티브: 인간의 정체성에 대한 물음
2과 "나는 파트-너" — 너의 지체인 나(짝 사람) 성경: 고전 12:20-26	관계 모티브: 하나님의 형상을 '짝 사람'으로 이해하여 더불어 존재하며 소통하는 인간
3과 "자기 속으로 구부러진 나" — 몸과 영의 소외를 느끼는 시간 성경: 롬 1:28-2:1	소외 모티브: 자기중심으로 혼자가 되버린 인간
4과 "잃어버린 너를 찾아서!" — 몸과 영을 회복시키시는 사람·사랑 성경: 눅 19:1-10	대속 모티브: 사람들 간의 벽을 허물고 너를 수용하는 인간
5과 "주님께서 너와 함께" — 그리스도를 경험하기 성경: 눅 24:28-35	거주 모티브: 내 몸 안에 거하시는 그리스도의 경험
6과 "너는 떠나 가라" — 몸과 영이 하나되어 떠나가는 사람 성경: 창 11:27-12:4	엑소더스 모티브: 새로운 삶의 길로 결단하는 인간
7과 "너, 복있는 사람아" — 행복을 분별하는 지혜 성경: 시 1:1-6; 마 13:44	지혜 모티브: 현실 너머에 있는 진정한 가치를 발견하는 지혜로운 인간

2. 진행 과정

본 교재의 각 과는 아래에 묘사된 것처럼, 크게 네 단계의 과정으로
진행되며, 두 시간가량이 필요합니다.

▶ 도입 (20분)	▶▶ 몸으로 성경 읽기 (40~50분)	▶▶▶ 영으로 성경 읽기 (30~40분)	▶▶▶▶ 마무리 (10분)
• 몸으로 다가서기 • 웜업	• 말씀에 귀 기울이기(낭독) • 훈련의 길 1, 2, 3	• 말씀에 귀 기울이기(합독) • 성찰과 나눔 • 영으로 다가서기	• 호흡기도 • 찬양 • 다함께 드리는 기도

▶ 도입(20분)

활동으로 진입하기 위한 준비 단계입니다. 도입 부분에서 참가자들
은 그날의 주제(본문)와 직접적인 관련성은 없지만, 주제 접근을 위
해 도움이 되는 간단한 놀이 활동을 하게 됩니다. 이 활동을 통해 참
가자들은 긴장을 풀고 동료들과 친해지면서 서로에게 맘을 열게 됩
니다. 그럼으로써 주제 활동을 편안하고 진지하게 진행해나갈 수 있
습니다.

참가자들은 처음에 원 또는 반원 형태로 자리를 잡고 앉아 인도자
를 바라보도록 합니다. 인도자는 원의 중앙 또는 반원의 맞은편에서
구성원들을 바라보고 섭니다.

도입은 **몸으로 다가서기**를 읽으며 시작합니다. **몸으로 다가서기**는 그날의 주제로 인도하는 디딤돌과 같은 것입니다. 우리의 몸 된 현실이 가지고 있는 문제를 성찰함으로써 본문의 말씀과 접촉점을 제시하는 역할을 합니다. **웜업**은 주제로 접근하기 위한 놀이 활동입니다. 몸 활동을 통해 긴장을 풀고, 서로 마음을 열 수 있는 관계 형성을 목표로 삼습니다.

▶▶ 몸으로 성경 읽기(40-50분)

성경 본문을 몸의 활동(감정/움직임)을 통해서 살펴보는 단계입니다. 기존의 성경 읽기나 해석이 본문의 논리성, 역사적 관련성 등을 통해 인지적 차원에 치우쳐 있다면, 여기서는 구체적인 몸 활동을 통해 본문을 느끼고 체험하고 반성하는 전인적 접근을 시도합니다.

말씀에 귀 기울이기는 본문 말씀을 낭독하는 것입니다. 구성원 중 한 명이 낭독을 하면, 나머지 사람들은 그 말씀을 귀 기울여 듣습니다. 때에 따라 여러 명이 본문의 등장인물의 목소리가 되어, 마치 드라마에서처럼 다양한 목소리로 낭독할 수 있습니다.

훈련의 길은 성경을 몸 활동workshop을 통해 읽는 구체적인 과정입니다. 여기에서는 인도자와 참여자들이 함께 어우러져서 성경 본문을 활동으로 만들어갑니다. 각 훈련의 길에는 목표, 준비, 활동에 대한 자세한 서술이 있으니, 인도자는 그 부분을 잘 숙지해서 구성원들에게 활동의 취지를 알리고 독려하면 됩니다. 이 훈련의 길이 잘 이루어지기 위해서는 도입 부분의 웜업이 중요합니다. 웜업의 결과에 따라 이 부분의 활동이 적극적이고 자연스러운 참여를 이끌어낼 수 있습니다. 이 과정에서 숙지할 사항은 다음과 같습니다.

첫째, 가능하면 모든 구성원이 참여할 수 있도록 참여 기회를 열어놓아야 합니다. 인도자의 지시를 통해서 참여가 이루어지기보다는 개인의 자발적인 판단과 구성원들 간의 대화에 의해 참여가 이루어지는 것이 좋습니다.

둘째, 본인이 원하지 않으면 참여하지 않고 관찰자로 남아 있을 수 있습니다. 그리고 참여 도중이라도 어색하거나 어려움을 느끼면 활동에서 물러날 수 있습니다.

셋째, 참여하기를 원하지만 몸 활동에 어려움을 느끼는 구성원에게 인도자가 용기를 주고 독려해서 참여할 수 있도록 합니다.

몸으로 성경 읽기는 구성원들의 자발적인 참여를 통해 이루어지며, 이러한 참여 과정 속에서 다양한 체험(느낌/생각/기억/깨달음)과 상호작용이 일어나기를 기대합니다.

▶▶▶ 영으로 성경 읽기(30-40분)

이 과정은 조용하고 차분한 분위기에서 진행됩니다. 모두가 서로 바라볼 수 있는 원 또는 반원 형태로 앉되, 편안한 자세를 취하도록 합니다.

영으로 성경 읽기는 차분한 분위기에서 자기 자신이 참여과정에서 느꼈던 것을 말하고, 듣고, 대화하는 형태로 진행됩니다. 먼저 그날의 성경 말씀에 귀 기울이는 시간을 갖습니다. 몸으로 성경 읽기에서처럼 대표자 한 사람이 낭독을 하는 것도 좋지만, 말씀을 모두가 함께 읽는 것도 좋습니다.

성찰과 나눔은 앞에서 진행했던 몸으로 성경 읽기의 활동 속에서 느꼈던 경험에 근거해서 다시 귀 기울여 들었던 성경의 의미를 각자 이야기하며 나누는 시간입니다. 서로의 느낌에 대한 비판이나 반박은 삼가고, 각자의 느낌과 체험을 존중해주는 분위기에서 진행해나 갑니다. 이 과정에서 중요한 것은 대화를 통해 본문에 대해서 내가 느끼고 생각했던 것과 다른 경험과 의미를 접하게 됨으로써 의미의 지평을 확장하는 것입니다.

영으로 성경 읽기는 본문에 대한 의미 지평을 간략하게 정리하는 시간입니다. 서로가 느끼고 경험했던 내용들을 신앙적 언어와 개념으로 정리함으로써 모호하고 산만한 상태로 머물 수 있는 체험 요소들을 서로 공유할 수 있는 지식 요소로 전환시키고자 합니다.

▶ ▶ ▶ ▶ 마무리(10분)

전체 활동을 마무리하는 단계입니다. 함께 기도하고 찬양하는 과정으로 이루어집니다.

호흡기도˙는 숨을 들이마시고 내쉬는 호흡 과정과 짧은 기도문을 연결시킴으로써 기도를 내 삶의 순간순간의 모습으로 체득하고

자 하는 것입니다.

찬양은 그날 주제를 담고 있는 찬양을 선택해서 함께 부르는 것입니다. 쉬운 곡조와 짧은 가사로 이루어진 찬양이 함께 부르기에 좋을 것입니다.

다함께 드리는 기도는 그날 다루었던 주제와 본문을 기억하며 함께 합심하여 기도하는 시간입니다. 침묵으로도, 통성으로도 할 수 있습니다. 인도자 또는 구성원 중의 한 명이 마무리 기도를 하면 모든 순서가 종결됩니다.

3. 일러두기

■ 성경 본문은 개역개정판을 사용하였습니다.

■ 훈련 장소로는 비교적 넓은 공간이 좋습니다. 프로젝트는 앉고 서고 걷고 뛰는 활동을 포함하고 있기 때문입니다. 때로는 야외에서도 진행이 가능합니다.

■ 각 과마다 간단한 준비물이 필요합니다(준비물은 각 과에 기록해두었습니다). 훈련 과정에서 언제든지 손쉽게 사용할 수 있는 도구는 다양한 '색깔 천'입니다. 색깔 천은 생각이나 감정, 의지를 표현

---

* '호흡기도'에 대해서는 조이스 럽 지음, 최순님 옮김, 『내 인생의 잔』(고양: 한국기독교연구소, 2014)을 참고했습니다.

하는 훌륭한 도구로 사용할 수 있습니다. 또 함께 활동하거나 대화를 나누는 시간에는 잔잔한 음악을 배경음악으로 사용하면 훨씬 효과적입니다.

몸과
영이

하나
되는

성경
읽기

"내가 여기 있나이다!"

하나님으로부터 지음 받은 존재

시편 139:1-10

¹여호와여 주께서 나를 살펴 보셨으므로 나를 아시나이다 ²주께서 내가 앉고 일어섬을 아시고 멀리서도 나의 생각을 밝히 아시오며 ³나의 모든 길과 내가 눕는 것을 살펴 보셨으므로 나의 모든 행위를 익히 아시오니 ⁴여호와여 내 혀의 말을 알지 못하시는 것이 하나도 없으시니이다 ⁵주께서 나의 앞 뒤를 둘러싸시고 내게 안수하셨나이다 ⁶이 지식이 내게 너무 기이하니 높아서 내가 능히 미치지 못하나이다 ⁷내가 주의 영을 떠나 어디로 가며 주의 앞에서 어디로 피하리이까 ⁸내가 하늘에 올라갈지라도 거기 계시며 스올에 내 자리를 펼지라도 거기 계시니이다 ⁹내가 새벽 날개를 치며 바다 끝에 가서 거주할지라도 ¹⁰거기서도 주의 손이 나를 인도하시며 주의 오른손이 나를 붙드시리이다

〔준비물〕

■ 잔잔한 음악

■ 글씨카드 1: 각각의 글씨를 A5 크기 용지(엽서)에 프린트합니다.

앉다 / 일어서다 / 생각하다 / 걷다 / 눕다 / 행하다 / 말하다 / 미치지 못하다
/ 떠나다 / 가다 / 피하다 / 올라가다 / 자리 펴다 / 날개치다 / 거하다

■ 글씨카드 2: 다음 글씨를 각각 A5 크기 용지(엽서)에 프린트하여 같은
크기 봉투에 집어넣습니다. 봉투의 겉에는 글의 내용을 구별할 수 있도
록 ①, ②, ③, ④의 번호를 적습니다.

① 주님은 나를 아십니다
② 주님은 나를 밝히 아십니다
③ 주님은 나를 다 아십니다
④ 주님은 나를 알지 못하시는 것이 하나도 없습니다

■ 글씨카드 3: 각각의 글씨를 A5 크기 용지(엽서)에 프린트합니다.

살펴보다 / 알다 / 둘러싸다 / 안수하다 / 계시다 / 인도하다 / 붙들다

■ 찬양 악보 또는 가사 〈하나님은 너를 만드신 분〉

I. 도입

1. 몸으로 다가서기

'나'는 누구일까요? 어쩌면 이 질문은 누구나 평생 스스로에게 묻는 질문일 것입니다. 사람은 공간의 존재입니다. 이 세상에 태어난 이후로, '나'는 하나의 공간(몸)이자, 공간(세상) 속의 존재로 살아갑니다. 그런 점에서 사람에게 '내가 누구인가' 하는 문제는 '내가 어디에 있는가?'라는 문제와 연결됩니다. 그래서 우리는 보통 그 사람이 머무는 '곳'을 가지고, 즉 어느 자리(위치)에 있는가를 가지고 그 사람을 판단하거나 평가하곤 합니다. 예를 들어, 그 사람이 어느 나라, 어느 지방 사람인지, 어느 학교를 다니고 있는지, 어느 직장, 어느 지위에 있는지를 바탕으로 그 사람의 능력과 됨됨이를 평가합니다. 그래서 사람들은 더 좋고 높은 자리와 위치에 서려고 노력하며, 자신이 서 있는 자리와 위치로 '내'가 누구인지 확인합니다. 그런데 여기서 문제가 생깁니다. 좋고 나쁨, 높고 낮음은 절대적인 가치와 수치가 아니라 상대적인 것이기 때문에, 사람들은 '나'의 모습을 다른 사람과 상대적인 비교를 통해서 확인하게 됩니다. 그러다보니 사람들은 고유한 '나'의 모습을 확인하는 것이 아니라, 다른 사람보다 '더한' 또는

'덜한' 자신을 발견하게 됩니다. '나'를 찾으려는 노력이 '남보다 더한', 또는 '남보다 덜한' 누군가로 전락하게 된 것입니다. 이런 모습은 남과 비교를 통해 발견한 나의 일부에 불과하지 진정한 나라고 하기에 부족합니다. 이제 우리는 진정한 '나'를 찾기 위해 여행을 떠나도록 합시다.

2. 웜업: 자기소개

첫 모임인 만큼 가벼운 분위기에서 서로 소개하는 시간을 갖습니다.

① 자기 이름으로 삼행시 짓기
② 자신을 이미지로 소개하기
   (예시) 나는 중고품입니다. 새로운 것보다는 오래되고 익숙한 것을 선호하기 때문입니다.
③ 자신을 동작으로 표현하기
   자신의 이름을 외치며 동작으로 표현하면, 참여자들이 그 이름을 반복해서 외치며 동작을 똑같이 따라합니다.
   (예시) 홍길동 홍〔洪〕!: 넓다는 의미로 양손을 옆으로 크게 벌리고, 길〔吉〕!: 길을 표시하는 의미로 두 팔을 '앞에 나란히' 하듯이 앞으로 뻗고, 동〔童〕!: 어린아이의 귀여운 얼굴을 표시하듯 두 손을 모아 자신의 얼굴을 감싸고 환하게 웃는다.

④ 물건에 빗대어 자신을 소개하기

(예시) 나는 자동차입니다. 앞으로 달려가는 걸 좋아합니다.

⑤ 옆 사람이 되어 자신을 소개하기

자기 옆 사람(예: 홍길동)이 되어, 나(홍길동)를 소개합니다. 홍길동이란 친구를 보면서 느낀 이미지를 상상력을 발휘하여 과장되게 소개합니다. 웃고 즐기며 서로를 소개하는 시간이 될 것입니다.

⑥ 이야기 만들기

전체 참가자들이 하나의 이야기를 만드는 것입니다. 자신(예: 이순신)이 먼저 이야기 속에 들어가야 하고, 자기 옆 사람(예: 홍길동)이 이어지는 이야기 속에 등장하도록 합니다.

(예시) "옛날 옛날에 이순신이라는 나무꾼이 살았습니다. 이 나무꾼에게는 홍길동이란 동생이 있었답니다." 그러면 그 옆 사람(홍길동)이 이야기를 받아서 자신의 이야기를 한 문장을 말하고, 자기 옆 사람(강감찬)이 등장하는 이야기를 만들며 계속 이어나간다.

(예시) "이 홍길동이란 동생은 말썽꾸러기였습니다. 그래서 옆집 할아버지 강감찬에게 늘 혼이 나곤 했습니다."

참여자들의 분위기와 상황에 적절한 것을 선택하여 진행하도록 합니다.

II. 몸으로 성경 읽기

이제 오늘의 말씀에 귀를 기울여보도록 하겠습니다.

> **[말씀에 귀 기울이기]**
> 시편 137장 1-10절 말씀을 한 사람이 낭독합니다. 나머지 사람들은 편안하고 자유로운 자세로 주변을 걸으며 낭독을 듣습니다. 낭독자는 특별히 본문의 행위를 나타내는 동사에 감정을 실어서 읽습니다.

1. 훈련의 길 1: 나를 바라보기

1) 목적: 내가 평소 취하는 행동이 무엇인지 살펴봄으로써 자신의 모습을 성찰합니다.
2) 준비: 본문에 등장하는 나의 행위(예: 앉다, 일어서다, 생각하다, 걷다 등)를 A5 크기 종이(엽서)에 적어서 바닥에 펴 놓습니다. 잔잔한 음악을 들려줍니다.

> 앉다 / 일어서다 / 생각하다 / 걷다 / 눕다 / 행하다 / 말하다 / 미치지 못하다 / 떠나다 / 가다 / 피하다 / 올라가다 / 자리 펴다 / 날개치다 / 거하다

3) 활동

① 인도자와 함께 본문에 등장하는 행위(동사)를 동작으로 취해봅니다. 예를 들어 인도자가 "앉다"라고 외치면, 자신이 즐겨 앉는 자세 또는 그 순간 앉고 싶은 자세를 취합니다. 이렇게 본문 속의 모든 동작을 한 번씩 몸으로 표현해본 후,

② 학생들은 바닥에 놓여 있는 글씨를 보고 자신이 취하고 싶은 동작 하나를 선택하여 몸으로 표현합니다. 하나의 행동을 계속 취할 수도 있고, 여러 행동을 순차적으로 취할 수도 있습니다. 인도자는 행동을 취한 사람 중에 특이했거나 필요하다고 느껴진 사람에게 질문을 던져 대화를 진행해 나갑니다. 필요한 경우 그 행동을 사람들 앞에서 다시 표현하도록 요청합니다.

③ 활동 및 대화가 어느 정도 이루어지면, 인도자는 "이제 나에 대한 성찰을 좀 더 나의 내면으로 깊이 옮겨보도록 하겠습니다"라고 말하며 **훈련의 길 2**로 넘어갑니다.

2. 훈련의 길 2: 하나님 앞에 선 나를 바라보기

1) 목적: 나의 삶과 모습 가운데 계시는 하나님을 묵상합니다.

2) 준비

① 실내 활동보다는 실외활동이 훨씬 효과적입니다. 주변에 산책로나 오솔길이 있다면 그것을 이용하도록 하십시오.

② 오늘의 본문 시 139:1-4에는 나에 대한 하나님의 앎(지식)이 그 강도를 더해가고 있음을 알 수 있습니다: "하나님은 나를 아십니다(가) — 하나님은 나를 밝히 아십니다(나) — 하나님은 나를 다 아십니다(다) — 하나님은 나를 알지 못하시는 것이 하나도 없습니다(라)" 이 말씀을 적은 카드(봉투 안에)를 길을 걷는 도중에 (카드 간의 적당한 거리를 유지하여) 배치하도록 합니다. 학생들이 걷는 중 그 말씀을 볼 수 있도록 하기 위함입니다.

③ 카드는 봉투에 집어넣어, 그 앞에서 내용을 꺼내볼 수 있도록 합니다. 내용을 본 카드는 다시 봉투에 집어넣을 수 있도록 안내합니다.

3) 활동

① 한 사람씩 순서대로 정해진 길을 걷게 합니다.

② 출발하기 전에 인도자는 참가자들에게 길을 걷는 도중 길 위에 봉투가 떨어져 있는 것을 발견하면 봉투를 열어 안에 든 내용을 보고, 다시 내용을 봉투에 넣어 제자리에 놓은 후 가던 길을 가도록 지시합니다.

③ 참가자들은 봉투 안에 말씀을 읽으면서 나를 잘 알고 계신 하나님의 모습에 대해 묵상하는 시간을 갖게 됩니다.

▶ 한 사람씩 걸으며 묵상하는 시간이기 때문에 처음 출발한 사람과 마지막에 출발한 사람 간에는 많은 시간의 간격이 있을 수 있습니다. 따라서 모둠별로 앉아 "내가 생각하는 하나님"의 모습을 이야기 나누도록 하고, 모둠별로〔훈련의 길 2〕활동에 참여하게 합니다. 먼저 돌아온 사람들은 걸으면서 느꼈던 것을 서로에게 이야기하는 시간을 갖게 합니다.

3. 훈련의 길 3: 내게 느껴지는 하나님의 모습

1) 목적: 나를 향한 하나님의 모습을 묵상합니다.

2) 준비: 오늘 본문 시편 139:1-10에 등장하는 하나님의 행위를 표현한 단어(예: 살펴보다, 알다, 둘러싸다 등)가 적힌 종이(엽서)를 모임 중앙에 펼쳐놓습니다. 잔잔한 음악을 들려주도록 합니다.

3) 활동

① 학생들은 4인이 한 모둠(남녀 구별해서 모둠을 형성)을 이루어 바닥에 놓인 단어 중 자신들에게 가장 의미 있게 느껴지는 한 가지(한 모둠이 하나)를 선택합니다. 바닥에 놓인 단어를 통해 연상된 다른 하나님의 모습을 선택해도 좋습니다(이를 위해서 빈 엽서종이와 필기구를 준비하면 좋을 것입니다).

② 이제 조용히 주변을 걸으며 자신들이 선택한 단어(하나님의 모습)가 구체적으로 어떤 모습일지 생각해봅니다. 그 단어 속에 나타나는 하나님의 시선, 표정, 손짓, 몸짓, 강도 등을 생각해봅니다.

③ 다시 모둠별로 모여서 자신들이 생각했던 하나님의 모습을 직접 몸으로 표현해봅니다. 모둠의 동료가 하나님의 모습이 되어 자신을 향한 하나님의 모습을 표현하게 하는 것입니다. 하나님을 맡은 동료에게 구체적인 시선, 표정, 손짓, 몸짓, 강도 등을 설명해주고, 하나님을 맡은 동료는 그 지시를 충분하게 몸으로 표현해봅니다.

④ 한 사람의 표현이 끝나면 돌아가면서 다른 사람이 선택한 하나님

의 모습을 동료들의 지시에 따라 표현해봅니다.

▶ 신체 접촉이 필요하기 때문에 남녀 간 신체 접촉으로 인하여 부담이
되지 않도록 남녀를 구분해서 모둠을 만들도록 합니다.

시편 139:1-10에 나오는 행위 단어

하나님의 행위	나의 행위
살펴보다 / 알다 / 둘러싸다 / 안수하다 / 계시다 / 인도하다 / 붙들다	앉다 / 일어서다 / 생각하다 / 걷다 / 눕다 / 행하다 / 말하다 / 미치지 못하다 / 떠나다 / 가다 / 피하다 / 올라가다 / 자리펴다 / 날개치다 / 거하다

III. 영으로 성경 읽기

1. 성찰과 나눔

오늘 훈련의 과정에서 느낀 점을 서로 되돌아보고 나누는 시간입니다. 자신에게 의미 있게 다가왔던 부분뿐만 아니라 부담스럽거나 힘들었던 부분도 함께 이야기할 수 있습니다.

같은 내용에 대해서 서로 다른 의견을 이야기할 수 있으나, 서로의 의견을 반박하는 일은 없도록 표현에 주의를 기울입니다.

2. 영으로 다가서기

오늘 본문의 기도자는 자신이 누구인지 간절히 알기 원하는 사람이었습니다. 이 기도자는 자신이 있어야 할 곳이 어디일까 깊이 고민했습니다. 아무도 없는 외딴 곳에서 혼자서 오랫동안 생각에 파묻혀도

봤고, 사람들이 사는 먼 곳으로 여행을 떠나기도 했습니다. 하늘같이 높은 지위에 있는 사람들에게도 가보았고, 죽은 자들이나 다름없는 형편없는 사람들이 있는 추악한 곳에도 가보았습니다(8절). 그토록 자신을 찾아 헤매던 이 사람은 어느 순간 고민하던 그 자리에서 창조주 하나님을 발견하게 됩니다.

성경 창세기 1장을 보면, 하나님의 창조 과정은 크게 두 부분으로 이루어지고 있습니다. 처음 3일은 혼돈의 상태를 나누고 구별하여 공간을 만드는 과정입니다. 그 공간이란 빛, 궁창(하늘) 그리고 뭍(땅)을 말합니다. 그리고 다음 3일은 그 공간을 채우는 과정입니다. 빛의 공간을 해, 달, 별로, 하늘과 물속을 날짐승과 물고기로 그리고 땅을 들짐승과 사람으로 채웁니다. 이 공간 속에서 모든 피조물은 자유하며, 창조주의 돌봄을 받게 됩니다. 이처럼 하나님의 창조는 공간의 창조를 근본으로 하고 있습니다. 우리 사람은 그 공간 속의 한 피조물인 것이죠. 그런 점에서 자신이 공간 어디에 자리(위치)하고 있는가 하는 것은 중요한 문제임이 틀림없습니다. '내가 누구인가' 하는 문제는 '내가 어디에 있는가'라는 문제와 연결됩니다. 과연 성경은 사람이 어디에 있어야 한다고 말해주고 있을까요?

다시 자신이 누구인지를 고민하던 시편 기도자의 이야기로 돌아가겠습니다. 자신의 자리를 찾아 헤매던 이 사람은 가장 높은 곳에도, 가장 낮은 곳에도 가보았습니다. 하지만 자신의 자리를 찾을 수는 없었습니다. 대신에 그는 그곳에서 창조주 하나님을 발견하게 됩니다. 남들과의 비교를 통해서 '나'를 찾으려는 노력의 허무함을 알게 되었을 때, 그는 절대자 하나님을 발견하게 되었고, 절대자 앞에 서 있는 자신의 고유한 모습을 발견한 것입니다. 그리고 그때 비로소 자기 존재의 귀중함을 깨닫습니다. 사람은 남들과의 비교를 통해서 자기 자신을 확인할 수 없으며, 오로지 하나님 앞에서 자신을 인정할 수 있을 뿐입니다. 그래서 이 사람은 **"여호와께서… 나를 아신다"**(시 139:1)고 외칩니다. 여호와께서는 자신의 모든 행위(눕고 앉고 일어섬)와 말과 머무는 곳(거처)을 알고 계셨습니다. 이 기도자는 하나님을 몸으로 체험하고 있습니다. 하나님은 이 기도자를 보고, 만지고, 붙드시고, 인도하고, 곁에서 동행하는 분이었습니다. 기도자는 자신이 어디에 있든지 상관없이 자신의 자리(위치)가 '하나님 앞coram Deo'이라는 사실을 깨달았습니다. 결국 하나님의 말씀과 뜻에 따라 나의 '나됨'이 판가름되는 것입니다. 그래서 하나님 앞임을 느끼는 '여기'가 내 삶의 결정적인 의미를 주는 순간이 됩니다. 이것은 마치 선지자 이사야가 그리고 어린 사무엘이 하나님 앞에서 말씀을 기다리며 외쳤던 "내가 여기 있나이다"의 깨달음과 같습니다(사 6:8; 삼상 3:5). "내가 여기 있나이다"의 고백은 하나님에 대한 신뢰이자 삶의 새로운 전기를 발견하고 나아가는 결단의 순간입니다.

창조신앙은 단순히 이 세계가 시작된 첫 시점이 하나님에 의한 것이라는 과거 사실에 대한 기억과 확신으로 끝나는 것이 아니라, 이 세상에 나를 태어나게 하셨고, 현재 이 모습으로 있게 하시며 나를 앞으로 가실 하나님의 지속적인 창조^{creatio continua} 그리고 그분의 현존(여기 계심)에 대한 고백인 것입니다.

IV. 마무리

1. 호흡기도

편안한 자세로 서서 깊은 숨을 들이쉬고 내쉬면서 드리는 기도입니다.

　— 숨을 들이쉬면서: "나의 모습을"

　— 숨을 내쉬면서: "주님께서 아십니다."

2. 찬양 ♪ 〈하나님은 너를 만드신 분〉

하나님은 너를 만드신 분 너를 가장 많이 알고 계시며

하나님은 너를 만드신 분 너를 가장 깊이 이해하신단다.

하나님은 너를 지키시는 분 너를 절대 포기하지 않으며

하나님은 너를 지키시는 분 너를 쉬지 않고 지켜보신단다.

그의 생각 셀 수 없고 그의 자비 무궁하며

그의 성실 날마다 새롭고 그의 사랑 끝이 없단다.

3. 함께 드리는 기도

하나님께서 지으신 나의 모습을 묵상으로 기도합니다.

인도자의 기도로 첫 번째 시간을 마칩니다.

〔모임 후 느낀 점〕

"나는 파트-너"
너의 지체인 나(짝사람)

[귀 기울일 말씀]

고전 12:20-26

[20]이제 지체는 많으나 몸은 하나라 [21]눈이 손더러 내가 너를 쓸 데가 없다 하거나 또한 머리가 발더러 내가 너를 쓸 데가 없다 하지 못하리라 [22]그뿐 아니라 더 약하게 보이는 몸의 지체가 도리어 요긴하고 [23]우리가 몸의 덜 귀히 여기는 그것들을 더욱 귀한 것들로 입혀 주며 우리의 아름답지 못한 지체는 더욱 아름다운 것을 얻느니라 그런즉 [24]우리의 아름다운 지체는 그럴 필요가 없느니라 오직 하나님이 몸을 고르게 하여 부족한 지체에게 귀중함을 더하사 [25]몸 가운데서 분쟁이 없고 오직 여러 지체가 서로 같이 돌보게 하셨느니라 [26]만일 한 지체가 고통을 받으면 모든 지체가 함께 고통을 받고 한 지체가 영광을 얻으면 모든 지체가 함께 즐거워하느니라

〔준비물〕

■ 잔잔한 음악(찬양 경음악)과 음악을 들려줄 수 있는 플레이어

> 머리(3), 몸통(3), 팔(3), 다리(3), 손(2), 발(2), 뼈(2), 근육(2),
> 눈(2), 입(2), 코(2), 귀(2)

■ 웜업 신체그림(땅과 포옹하기)
■ 훈련의 길 1: 맹인 훈련을 위한 안대 13개 / 마스크 27개
■ 훈련의 길 2: 글씨카드
■ 훈련의 길 3: 글씨카드
■ 찬양 악보 또는 가사 〈아버지여 우리는〉

I. 도입

1. 몸으로 다가서기

우리 몸은 여러 지체로 이루어져 있습니다. 몸은 머리, 팔과 손, 다리와 발의 여러 지체를 가지고 있고, 뼈와 살, 여러 장기와 혈관, 신경 등의 수많은 조직으로 구성되어 있습니다. 이렇게 복잡한 구조로 얽어진 우리 몸은 서로 긴밀하게 연결되어 있습니다. 그래서 몸의 일부에 문제가 생기면 다른 지체에도 문제가 생기게 마련입니다. 예를 들어 눈에 작은 티가 하나 들어가도 우리 몸 전체의 행동에 영향을 줍니다. 그냥 눈을 뜨기 힘들다는 것으로 끝나지 않습니다. 눈 하나에 문제가 생기니까 우리는 다른 일에 집중할 수 없게 되고, 심지어는 걸을 수도 없으며, 가만히 앉아 있기도 힘들어집니다.

가만히 생각해보면, 그런 우리가 몸의 한 지체를 위해서 다른 지체를 희생시키는 경우가 종종 있음을 경험합니다. 대표적인 예가 자극적인 음식입니다. 맛을 느끼는 입에는 즐거움을 줄지 모르지만, 몸에는 심각한 문제와 질병의 원인이 되곤 합니다. 다리를 예쁘게 보이기 위해 높은 굽이 있는 신발(힐)을 신지만, 그것이 다리와 허리에 심각한 악영향을 주기도 합니다.

한 몸을 이루는 지체 간에 이런 상관관계가 있듯이, 한 세상을 살아가는 사람들 사이에도 깊은 관계와 영향이 있지 않겠습니까? 인간人間이란 말에는 본래적으로 사람은 타인과의 관계(사이) 속에서 살아간다는 존재론적 의미가 담겨 있습니다. 실제로 우리는 매일 많은 사람과 영향을 주고받으며 살아가지요. 그런데 우리는 이 사실을 너무 쉽게 잊어버리고 있지 않습니까? 세상은 늘 나를 중심으로 살아가고 있다고, 또 그래야 한다고 생각하고 있지는 않습니까? 오늘은 한 몸을 이루는 지체로서 나와 너의 모습에 주목하고자 합니다.

2. 웜업

1) 땅과 포옹하기

① 5~6명이 한 모둠을 이루는 여러 개의 모둠을 만듭니다(짝 만들기 놀이 형식 이용). 각 모둠별로 대표자를 세우고, 그를 '땅'이라고 칭합니다. '땅'은 한 동작(예: 가장 우아한 동작)을 취한 채 움직이지 않습니다.

② 이제 인도자의 지시에 따라 각 모둠의 구성원들은 자기 모둠의 '땅'(대표자의 몸)에 자신의 신체 일부를 접촉해야 합니다. 예를 들어 '땅'과 손을 잡는다든지, 어깨를 서로 마주 댄다든지 하는 것입니다. 이때 인도자는 땅과 접촉하는 부위에 따라 다른 점수를 부여합니다.

(예시) 손 1점 / 발바닥 2점 / 무릎 3점 / 팔꿈치 4점 / 엉덩이 5점
/ 배 6점 / 머리 7점

③ 각 모둠은 인도자가 요구하는 점수에 맞게 자신들의 신체를 땅과
접촉해야 합니다.

(예시) 10점, 20점 … 100점까지. 10점 단위로

▶ 구성원 간의 신체 접촉을 필요로 하는 활동입니다. 모둠 구성에 있어서
남녀를 구별하여 진행하는 것이 신체 접촉으로 인한 부담감을 줄일 수
있을 것입니다. 그리고 신체 부위에 대한 점수를 미리 그림으로 준비하
면 참여자들의 활동에 도움이 될 것입니다(계흥규, 『공동체의 마음을 열어
주는 웜업』, 40-41쪽 참조).

2) 몸 완성하기

종이에 신체 부위(머리, 몸통, 팔, 다리, 뼈, 근육, 심장, 숨/호흡 등)를 적
은 종이를 참여자 한 사람씩 나눠 갖은 후, 헤쳐모이라는 인도자의

명령에 따라, 전체 참여자는 신체부위를 찾아 하나의 온전한 신체 (몸)를 완성합니다(계홍규, 36-37쪽 참조).

II. 몸으로 성경 읽기

> **〔말씀에 귀 기울이기〕**
> 고린도전서 12장 20-26절을 한 사람이 낭독합니다. 나머지 사람들은 편안한 자세로 듣습니다.

1. 훈련의 길 1: 몸의 연약한 부분 체험하기(시각장애인 체험)

1) **목적**: 내 몸의 연약한 지체를 느껴보기
2) **준비**: 안대와 마스크(인원수에 맞게)
3) **활동**
① 둘씩 짝을 이루어서 한 사람은 시각장애인이 되고, 한 사람은 청각 (언어)장애인이 되어 서로 의지하여 정해진 미션을 수행하고 오는 것입니다.

② 볼 수 있는 청각장애인은 시각장애인을 인도하되 말을 절대 해서는 안 됩니다. 오로지 몸으로 길을 알려주고 인도해야 합니다. 청각장애인은 시각장애인의 등에 글씨를 씀으로써 의사소통을 할 수 있습니다.

③ 미션은 미션 용지에 지정된 인물을 찾아 감사(사랑)의 표시를 하고 인증샷을 찍어오는 것입니다. 인도자가 조별로 미션 용지를 나눠주면, 두 사람은 규칙에 어긋나지 않는 의사소통을 통해 미션을 수행해야 합니다.

(미션 예시) ○○○을 찾아가 ○○○을 찾으십시오. 찾으면 인사와 함께 "주님의 이름으로 사랑합니다"라고 크게 외치십시오. 그리고 미션 대상자와 함께 인증샷을 찍어 오십시오.

▶ 참고로 장신대 수업시간에는 조별로 각 행정부서의 실무자(실장)이름을 적은 미션지(아래 참조)를 나눠주었습니다. 해당 인물을 찾은 조원 중 시각장애인이 감사의 표시("주님의 이름으로 사랑합니다")를 크게 외치고, 3인이 함께 인증샷을 찍은 뒤 출발지점으로 돌아오는 미션이었습니다. 각각 눈과 입을 가린 조원들에게는 결코 쉽지 않은 미션이었습니다. 특히 눈을 가린 학생들은 초반에 상당한 불안감을 느꼈다고 합니다. 입을 가린 동료가 말로 인도해주지 않기 때문입니다. 입을 가린 동료도 어떻게든지 동료가 안전하게 목적지까지 걸어갈 수 있도록 상당한 수고를 해야 했습니다. 또 짧은 한 마디였지만 직원들은 학생들의 감사 표시에 큰 위로와 기쁨을 느꼈다고 합니다.

▶ 교회에서 이 미션을 수행할 때는 교회에서 관리 업무를 감당하고 계시는 분(관리 집사님/권사님/장로님)이나 사무직원을 찾아가 "주의 이름으로 사랑합니다"를 외치고 인증샷을 찍으면 좋을 것 같습니다.

2. 훈련의 길 2: 나를 공동체의 지체로 바라보기

1) **목적**: 공동체의 '파트너'(더불어 존재)로서 나를 성찰하기
2) **준비**: 몸의 지체들(예: '머리', '손', '발', '몸통', '입', '얼굴' 등)을 적어놓은 카드(종이)
3) **활동**: 몸의 지체들을 적어놓은 카드(종이)를 중앙에 몸의 구조에 맞게 배열해 놓습니다.

① 참여자들은 자신이 속해 있는 공동체(가정, 직장, 친구관계 등)를 하나의 몸이라고 할 때, 현재 자신은 공동체의 어떤 지체에 속하는지 생각해보고 그곳에 가서 섭니다(예: 손). 공동체 안에서 느껴지는 자신의 모습(역할과 기능)에 대해서 이야기를 나눕니다. 현재 자신의 역할과 기능에 불만을 가지고 있는 사람에게는 어떤 지체가 되고 싶은지 묻고 이야기를 나눕니다.

② 현재 나에게 가장 좋은 영향을 미친, 그래서 가장 고맙게 생각하는 지체가 무엇인지를 각자 말하게 하고, 자신이 가장 고맙게 생각하는 지체에게 감사의 표시를 합니다.

③ 이제 자신이 속한 공동체 중 가장 연약한 부분(지체)이 어디인지 생각하고, 자신이 가장 도와주고 싶은 지체를 선택하여 그 자리에 가서 섭니다. 자신이 그 연약한 부분을 도와줌으로써 어떤 변화가 생길 수 있는지 이야기를 나눕니다.

3. 훈련의 길 3: 예수님의 몸으로서 나와 너

1) **목적**: 예수님의 몸 된 지체로서 자신의 사명을 성찰하고 느끼기
2) **준비**: 몸의 지체들(예: '머리', '손', '발', '몸통', '입', '얼굴' 등)을 적어놓은 카드(종이)
3) **활동**: 몸의 지체들을 적어놓은 카드(종이)를 중앙에 몸의 구조에 맞게 배열해놓습니다.

① 이제 우리는 그리스도의 몸 된 지체라는 차원에서 생각해보도록 합니다. 앞에 놓여 있는 몸(카드) 구조를 예수님의 몸이라고 가정할 때, 참여자들은 스스로가 예수님의 몸의 지체 중 어디에 속한다고 생각하는지 자신이 생각한 카드 앞에 가서 서도록 합니다. 카드에 없는 곳도 선택할 수 있습니다.

② 자신의 위치에 대해서 불만이 있는 사람은 그가 되고 싶은 지체로 이동하고, 자신이 바라는 역할에 대해서 이야기합니다.

▶ 한 곳에 너무 많은 참여자들이 집중될 가능성이 있습니다. 가령 참여자들은 손과 발에 집중되어 설 수 있습니다. 이 경우 인도자는 참여자들에게 좀 색다른 곳, 남이 선택하지 않은 곳을 선택할 용의가 없는지 물음으로써 다양한 의견이 나올 수 있도록 유도합니다.

③ 이제 참여자들에게 각자가 생각하기에 그리스도의 몸의 지체 중 가장 연약한/힘든 부분, 지체로서 자신이 도와야겠다고 생각하는 부분이 어디일까 생각하게 합니다. 그리고 자신이 그리스도의 지체로서 다른 지체를 어떻게 돕겠다는 의지를 간단한 기도문으로 작성하도록 합니다.

(예시) 예수님, 나는 '손'으로서 '발'을 돕고 싶습니다. 발이 열심히 주님을 위해 뛸 수 있도록 힘차게 팔을 더 흔들어서 쉽게 갈 수 있도록 돕겠습니다.

④ 인도자는 기도문을 잘 간직할 것을 부탁하며 다음 순서로 넘어갑니다.

▶ 이 간단한 기도문은 마무리 시간에 사용할 것입니다.

II. 영으로 성경 읽기

〔말씀에 귀 기울이기〕
오늘 본문인 고린도전서 12장 20-26절을 다 같이 읽습니다.

1. 성찰과 나눔

오늘 훈련의 과정 속에서 느낀 점을 서로 되돌아보고 나누는 시간입니다. 자신에게 의미 있게 다가왔던 부분뿐만 아니라 부담스럽거나 힘들었던 부분도 함께 이야기할 수 있습니다.

같은 내용에 대해서 서로 다른 의견을 이야기할 수 있으나, 서로의 의견을 반박하는 일은 없도록 표현에 주의를 기울입니다.

2. 영으로 다가서기

하나님은 사람을 만드시되 '한'사람이 아닌 '짝'사람으로 만드셨습니다. 사람은 홀로 살아가는 존재가 아니라 '관계' 속에서, 즉 '더불어' 사는 존재입니다(coexisto ergo sum). 그래서 현대 신학자들은 하나님의 형상(창 1:27)을 인간이 가지고 있는 능력이나 재능으로 보는 대신에, 사람들 간의 '관계', '코이노니아'(교제)로 이해하고 있습니다. 삼위일체 관계의 하나님이 그러셨듯이, 사람은 타자(他者)와의 인격적 관계 속에서 상대방을 만나 자신을 개방하고 서로 소통하며 돕는 존재입니다.*

고린도전서 12장은 더불어 존재인 사람을 몸과 지체의 관계로 설명하고 있습니다. 몸에는 다양한 지체들이 있고, 지체의 쓰임새도 제각각 다르지만, 지체들은 서로 다툼 없이 서로 돌보며 조화를 이루며 지냅니다. 물론 몸에는 다른 부분에 비해 연약한 부분이 있습니다. 예를 들어 팔과 다리는 몸을 이동시키고 물건을 운반하는 일을 해야 하기 때문에 뼈와 근육이 발달해 있어 외부의 충격을 이겨낼 수 있는 반면, 머리 부분은 작은 충격에도 치명적인 상처를 입을 수 있는 곳입니다. 그래서 우리 몸은 위급한 상황에서 손으로 머리를 감싸는 행위를 통해 연약한 지체를 보호하곤 합니다.

사람의 몸이 그러하듯이, 각 사람은 한 사회(공동체)의 지체를 이루어 서로를 존중하고 소통하며 살아갑니다. 물론 한 공동체의 구성원들은 서로 다른 역할을 맡고 있으며, 그중에는 연약한 사람들이 있게 마련입니다. 그래서 강인한 지체들이 연약한 지체들을 위로하고 돌봐줄 필요가 있습니다. 우리는 한 몸 된 공동체로서 **"만일 한 지체가 고통을 받으면 모든 지체가 함께 고통을 받고 한 지체가 영광을 얻으**

---

* 호르스트 필만/이신건 옮김,『교의학』(서울: 한국신학연구소), 222쪽; 다니엘 밀리오리/신옥수 · 백충현 옮김,『기독교 조직신학 개론』(서울: 새물결플러스, 2012), 250-251쪽.

54 · 성경 읽기 프로젝트, 몸으로 영으로

면 모든 지체가 함께 즐거워 하느니라"(고전 12:26)라는 말씀을 기억해
야 할 것입니다. 특히 그리스도 안에서 한 형제 자매된 그리스도인은
다른 형제/자매의 고통에 함께 눈물 흘리고, 다른 형제/자매의 영광
에 함께 즐거워할 수 있어야 할 것입니다.

요즘 세상은 자꾸 리더가 될 것을 강조합니다. 리더십에 몰입하
고 있습니다. 하지만 여러분, 지금 세상은 리더십보다는 파트너십을
요구하고 있다고 생각하지 않습니까? 누군가를 이끌어갈 사람을 원
하는 것이 아니라, 누군가와 함께 있어 줄 파트너를 기다리고 있습니
다. 나는 공동체 안에서 '파트-너', 너(다른 지체)의 일부입니다. 나는
너의 고통으로 인해 함께 고통을 느끼고, 너의 영광으로 인해 함께
즐거워할 것입니다. 그러면 우리 몸은 모두 행복해질 것입니다.

IV. 마무리

1. 호흡기도

편안한 자세로 서서 깊은 숨을 들이쉬고 내쉬면서 드리는 기도입
니다.
- 숨을 들이쉬면서: 주의 사랑을 가지고
- 숨을 내쉬면서: 파트너가 되게 하소서

2. 찬양♪〈아버지여 우리는〉

아버지여 우리는 하나 되었습니다.
우리가 서로 섬김으로써 하나 되었습니다.

3. 함께 드리는 기도

〔훈련의 길 3〕에서 개인적으로 작성했던 기도문을 한 사람씩 돌아가
며 주님께 소리 내어 고백하도록 합니다.
　인도자의 기도로 두 번째 시간을 마칩니다.

〔모임 후 느낀 점〕

〔모임 후 느낀 점〕

"자기 속으로 구부러진 인간"

몸의 영의 소외를 느끼는 시간

[귀 기울일 말씀]

로마서 1:28-2:1

[1:28]또한 그들이 마음에 하나님 두기를 싫어하매, 하나님께서 그들을 그 상실한 마음대로 내버려 두사, 합당하지 못한 일을 하게 하셨으니 [29]곧 모든 불의, 추악, 탐욕, 악의가 가득한 자요 시기, 살인, 분쟁, 사기, 악독이 가득한 자요 수군수군하는 자요 [30]비방하는 자요 하나님께서 미워하시는 자요 능욕하는 자요 교만한 자요 자랑하는 자요 악을 도모하는 자요 부모를 거역하는 자요 [31]우매한 자요 배약하는 자요 무정한 자요 무자비한 자라 [32]그들이 이 같은 일을 행하는 자는 사형에 해당한다고 하나님께서 정하심을 알고도 자기들만 행할 뿐 아니라 또한 그런 일을 행하는 자들을 옳다 하느니라. [2:1]그러므로 남을 판단하는 사람아, 누구를 막론하고 네가 핑계하지 못할 것은 남을 판단하는 것으로 네가 너를 정죄함이니 판단하는 네가 같은 일을 행함이니라.

〔준비물〕

■ 본문 말씀 프린트: 참가자 인원수만큼
■ 신문지 다량, A4 용지, 스카치테이프
■ 글씨카드: '합당하지 못한 일'

> 불의, 추악, 탐욕, 악의, 시기, 살인, 분쟁, 사기, 악독, 비방, 능욕, 교만,
> 자랑, 부모 거역, 우매, 배신, 무자비

※ 두 단어 글자는 250pt, 네 단어 글자는 170pt로 각각 인쇄(A4, 가로)

■ 빈 의자
■ 색깔 천
■ 찬양 악보 또는 가사 〈누군가 널 위하여〉

I. 도입

1. 몸으로 다가서기

우리의 몸을 한번 살펴봅시다. 어딘지 모르게 몸이 구부정해졌습니다. 눈은 침침하고 귀에서는 가끔 환청이 들리는 것 같지 않습니까? 목과 어깨는 너무 뻣뻣하게 굳어진 느낌이고요.

문득 이런 질문을 던져봅니다. '나는 내 몸을 주로 어떤 일에 사용하며 살지?' '나는 내 몸을 몇 퍼센트나 쓰면서 살고 있을까?' 언제부터인가 우리의 몸은 디지털 도구들과 상당히 많은 시간을 보내고 있습니다. 점점 스마트해져가는 작고 멋진 기계가 우리의 손에 머물면서 우리의 마음을 온통 사로잡고 있습니다. 손가락은 재빠르고 눈동자도 정신없이 움직입니다. (배시시 웃기도 합니다.) 그러나 거의 모든 사람이 그렇게 네모난 자기의 분신分身만 매만지고 있는 모습이 살짝 두렵습니다.

하루 종일 내 몸을 곧게 펴고 주위를 찬찬히 돌아보며 몸으로 걸어본 적이 언제였을까? 푸른 하늘을 오래오래 바라보고 바람에 나부끼는 잎사귀들의 소리를 들으며 편안함을 느꼈던 적은 언제였을까? 온몸을 움직이며 살아 있음을 만끽하는 시간이 일주일 중 얼마나 될까? 손가락의 터치로 디지털 세계에서 말풍선이나 주고받는 것이 아니라, 직접 만나 그의 말에 귀 기울이며 깊이 대화하고 손잡아 체온을 느끼는 시간은 얼마나 될까? 디지털 세계에서 스마트하게 만나 무한 소통하고 있는 것 같지만 우리의 몸은 점점 다른 사람과의 만남과 대화에서 멀어지고 있습니다. 조금만 낯선 것도 극복하지 못하고 그에게 잘 다가서지 못합니다. 점점 친밀함을 잃고 멀어집니다(疏/소). 서로의 삶 바깥(外/외)에서 겉도는 느낌이 짙어집니다. 우리가 관계 속에서, 몸으로 느끼는 소외의 풍경입니다. 오늘은 우리의 구부러진 모습, 소외된 모습을 살펴보는 시간을 갖겠습니다.

2. 웜업

1) '나도~!' 게임*

① 모든 사람이 하나의 큰 원을 만듭니다. 진행자는 참가자들(예컨대 20명)에게 지금의 상태, 오늘 하루 있었던 일, 지난 한 주에 자기에게 일어난 일 등을 생각해보도록 합니다.

② 어떤 특별한 사건, 나누고픈 경험, 감정 등이 있으면 한 문장으로 말하게 합니다. 예를 들어 "나는 지금 너무 배가 고프다"라고 누군가 외치면, 참가자들 중에서 똑같은 걸 느끼거나 경험한 사람들

---

* 자세한 설명은 계홍규, 『공동체의 마음을 열어 주는 웜업』(도서출판 큰빛, 2010), 52-53쪽 참조.

(약 10명?)이 한 발짝 앞으로 나오면서 "나도~!" 하고 외칩니다.

③ 그렇게 앞에 나온 사람들(약 10명?) 중에서 그 문장과 연결된 다른 내용, 예컨대 "그래서 나는 떡볶이가 먹고 싶다!"라는 말을 하면, 또 공감하는 사람들(약 5명)이 "나도~!"를 외치며 한 발짝 더 앞으로 나갑니다. 그렇게 앞으로 가다가 더는 아무 말도 안 나오면 모두 제자리로 돌아가는 방식입니다.

④ 위의 방식으로 일단 가벼운 주제 몇 가지(예시: "나는 지금 피곤하다")를 합니다.

⑤ 5분쯤 진행이 된 뒤에는 살짝 심각한 주제, 우리 삶의 어두운 측면과 맞닿아 있는 주제로 들어가도록 합니다.

(예시) "나는 최근에 친구에게 짜증을 낸 적이 있다", "나는 외롭다고 느낀 적이 있다", "나는 다른 사람의 흉을 본 적이 있다"

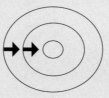

"나는 배가 고프다!" → {나도} → "나는 떡볶이가 먹고 싶다!" → {나도} → "우동도 먹고 싶다!"

"나는 친구에게 짜증을 낸 적 있다!" → {나도} → "그래서 오래 말도 안 하고 지냈다!" ∞

2) '너 때문이야!' vs. '내가 뭘~!'

① 둘씩 짝을 지어서 색깔 천의 한쪽 끝을 각각 잡고 서로 마주보게 합니다. 그리고 각각에게 천을 최대한 놓치지 말라고 주의를 줍니다.

② 한 사람이 천을 잡아당기며 '너 도대체 왜 이래?!'라고 외치면, 다른 사람이 천을 잡아당기며 '내가 뭘 어쨌다고 그래?!' 하고 외치는 걸로 합니다. 뭔가 확실한 이유가 없는 상태에서 그냥 그 문장만 외치면서 감정을 표현해보도록 합니다.

③ 잡아당길 때는 상대방이 딸려올 정도로 세게 해봅니다. 그러면서 최대한 감정(분노, 안타까움, 절망, 억울함, 실망, 슬픔)을 드러냅니다. 약 30초 동안 해봅니다. 한 쪽이 각각 4~5번 정도 잡아당깁니다. 그 다음에는 대사를 바꿔서 30초 동안 해봅니다.

"너 도대체
왜 이래?!"

"내가 뭘
어쨌다고 그래?!"

II. 몸으로 성경 읽기

1. 훈련의 길 1 — 상실한 마음속 들여다보기

1) 목적: 우리가 '이건 아닌데~!'라고 생각하지만 자꾸만 그 안에 빠져들게 되는 여러 가지 소외의 형태를 성찰합니다.

2) 준비: 로마서 본문을 읽기 전 '상실한 마음'의 '합당하지 못한 일'의 목록을 A4 용지에 크게 뽑아놓습니다. [추악] [탐욕] [악의] [시기] [악독] [수군수군] [비방] 등이지요. 그런데 그 단어를 좀 더 일상적인 단어로 바꿀 수 있습니다.

   ▶ [거짓 술수] [끝없는 소유욕] [사악한 마음] [시기심] [괜한 분노] [분란 조장] [적대감] [수군거림] [비방]

3) 활동

① 단어 카드를 바닥에 어지럽게 깔아놓습니다. 그리고 '최근에 나를

가장 힘들게 만든 것!'에 가서 서게 합니다. 그렇게 모둠이 형성됩니다. 함께 모인 모둠끼리 자신이 선택한 단어에 대해서 이야기를 나눕니다. 이때, 조용한 음악을 틀어놓아도 좋습니다.

② 선택한 단어를 신문지에 붙여놓고 거기에 어떤 그림을 그리거나, 말풍선을 만들어서 써넣는 등 자유롭게 낙서를 해봅니다(약 10분 정도). 모든 사람이 자기표현을 할 수 있도록 독려합니다.

③ 각각의 종이를 성경공부 공간(칠판, 벽 등에 게시)에 붙여 놓습니다. 자신이 그린 "합당하지 못한 일"에 말려들었던 경우가 있는지 생각해본다.

2. 훈련의 길 2 — 조각상 만들기

1) **목적**: 여러 가지 '소외'의 모습을 몸으로, 공동으로 표현해본다.

2) **활동**

① 각 조가 나와서 그 조가 선택한 명사를 조각상으로 표현해보는 시간입니다. 모둠마다 (위에서 로마서 본문으로 나눈 대화를 토대로) 하나의 스토리를 정하고 거기에 기초하여 하나의 장면을 조각상으로 만듭니다. 약 5분 정도의 시간을 주고 (모둠 장을 중심으로) 조각상을 구상하여 만들어봅니다.

② 한 모둠 씩 나와서 조각상을 만듭니다. (동작 고정! 침묵!) 인도자는 다른 모둠 사람들이 그 조각상을 잘 관찰할 수 있도록 초대합니다. 인도자는 관람한 모둠 사람들에게 몇 가지 질문을 통해 느낌을 이야기할 것을 부탁합니다. 두세 사람 정도면 충분할 듯합니다. 물론 더 많은 이야기가 나와도 좋습니다.

(질문 예시) "이 조각상의 제목은 무얼까요?", "이 조각상은 무엇을

표현하고 있는 것 같나요?"

③ 인도자는 조각상을 이룬 사람들 가운데 한 명, 혹은 두 명에게 다 가가서 지금 자신의 위치에서 하고 싶은 말(대사)을 하나씩 해보라고 할 수 있습니다. 또는 인도자가 조각상을 이룬 사람 가운데 한 사람에게, 그 장면 다음에 이어질 몸짓을 하나 해보라고 시킬 수 있습니다.

④ 이제 다른 모둠에게 조각상을 만들어보라고 초대합니다. 이후 진행은 동일합니다.

3. 훈련의 길 3 — 빈 의자와 거리 느끼기

1) 목적: 내가 원하는 나의 모습에서 내가 얼마나 멀리 떨어져 있는지
   를 느껴본다.

2) 활동

① 성경공부를 하는 공간의 중간쯤에 빈 의자(A)를 세워놓습니다. 그
   리고 그 의자에 '내가 있어야 할 자리'라는 이름을 붙여줍니다.

② 참가자들은 빈 의자에서 자신이 얼마나 떨어져 있는지를 묵상하
   도록 초대를 받습니다. 그리고 자기가 어디쯤 서 있는지 그 위치를
   생각해보게 합니다(약 1~2분). 그런 다음 모두가 그 자리에 가서
   서 보도록 합니다.

③ 인도자는 몇몇 사람(약 3~5명 정도가 적당할 듯합니다)과 간단한
   인터뷰를 해봅니다.

   (예시) "왜 이렇게 멀리 떨어지게 되었나요?", "지금 느낌은 어떤가
   요?", "가까이 가기 위해서 뭐가 필요할 것 같은가요?"

III. 영으로 성경 읽기

오늘 말씀을 다 같이 읽도록 합니다. 성경에서 느낀 것, 새롭게 다가온 부분을 이야기 나누도록 합니다.

1. 성찰과 나눔

오늘 훈련의 과정 속에서 느낀 점을 서로 되돌아보고 나누는 시간입니다. 자신에게 의미 있게 다가왔던 부분뿐만 아니라 부담스럽거나 힘들었던 부분도 함께 이야기할 수 있습니다.

같은 내용에 대해서 서로 다른 의견을 이야기할 수 있으나, 서로의 의견을 반박하는 일은 없도록 표현에 주의를 기울입니다.

2. 영으로 다가가기

누군가를 진심으로 사랑할 수 있는 능력의 결핍, 다른 사람들과 함께 기꺼이 어우러지며 살아가려는 마음의 결핍…. 그런데 이런 결핍 혹은 소외는 또 다른 차원의 소외와 밀접한 관련이 있습니다. 나의 존재의 근원으로부터의 분리, 그분으로부터 멀찍이 떠난 마음입니다. 하나님에게서 멀어진 '상실한' 마음은 이웃과의 진실한 만남에서도 멀어집니다. 그런 마음, 그런 영혼이 보여주는 기괴한 삶의 모습을 신앙의 선배들(아우구스티누스, 루터)은 '자기 자신 속으로 구부러진 인간'(homo incurvatus in se ipso)이라고 하더군요. 그리고 이것이야말로 '죄'라고 말합니다.

오늘 우리는 "우리가 마땅히 살아야 할 삶으로부터 얼마나 멀리 떨어져 있는지"(『성서, 어떻게 가르칠 것인가』, 187쪽) 생각해봅니다. 때때로 우리는 나 혼자의 계획대로 꽤 완전한 삶을 살아가고 있다고 자신하거나 그런 완전함을 추구하며 살지만, 참된 중심에서 멀리 떨어진 우리의 삶이 만들어내는 황폐한 풍경과 마주하게 됩니다. 자기 자신 속으로 구부러진 인간, 결국은 자기의 이익만을 추구하는 현실 앞에 부딪힙니다. 우리는 다시 그 중심으로 가까이 다가갈 수 있을까요?

수용소라는 억압의 상황에서 인간 존재의 가장 절실한 문제를 깨닫게 된 어느 젊은 철학자는 이런 말을 했습니다. "인간 삶의 의미가 오직 자신의 성취에만 집중된다면, 삶의 의미는 역사의 굴곡에 따라 위태로워지고, 우리 삶은 늘 의미 없이 타성에 젖어 오락가락하게 될 것이다. 또한 인간의 궁극적인 헌신이 자신에게 집중된다면, 우리의 삶은 오히려 공동체를 파괴하는 역할을 할 것이다. 오직 하나님 안에서만 불의와 잔인성을 일으키지 않는 궁극적인 헌신이 존재한다"(랭던 길키, 『산둥수용소』, 449쪽).

IV. 마무리

1. 호흡기도

편안한 자세로 서서 깊은 숨을 들이쉬고 내쉬면서 드리는 기도입
니다.

　― 숨을 들이쉬면서: 자신만을 바라보는 우리를
　― 숨을 내쉬면서: 불쌍히 여기소서.

2. 찬양♪ 〈누군가 널 위해 기도하네〉

당신이 지쳐서 기도할 수 없고
눈물이 빗물처럼 흘러내릴 때
주님은 우리 연약함을 아시고
사랑으로 인도하시네
누군가 널 위하여 누군가 기도하네
내가 홀로 외로워서 마음이 무너질 때
누군가 널 위해 기도하네.

〔모임 후 느낀 점〕

〔모임 후 느낀 점〕

제4과

"잃어버린 너를 찾아서!"

몸과 영을 회복시키시는 사람·사랑

〔귀 기울일 말씀〕

누가복음 19:1-10

[1]예수께서 여리고로 들어가 지나가시더라 [2]삭개오라 이름하는 자가 있으니 세리장이요 또한 부자라 [3]그가 예수께서 어떠한 사람인가 하여 보고자 하되 키가 작고 사람이 많아 할 수 없어 [4]앞으로 달려가서 보기 위하여 돌무화과나무에 올라가니 이는 예수께서 그리로 지나가시게 됨이러라 [5]예수께서 그곳에 이르사 쳐다보시고 이르시되 삭개오야 속히 내려오라 내가 오늘 네 집에 유하여야 하겠다 하시니 [6]급히 내려와 즐거워하며 영접하거늘 [7]뭇 사람이 보고 수군거려 이르되 저가 죄인의 집에 유하러 들어갔도다 하더라 [8]삭개오가 서서 주께 여짜오되 주여 보시옵소서 내 소유의 절반을 가난한 자들에게 주겠사오며 만일 누구의 것을 속여 빼앗은 일이 있으면 네 갑절이나 갚겠나이다 [9]예수께서 이르시되 오늘 구원이 이 집에 이르렀으니 이 사람도 아브라함의 자손임이로다 [10]인자가 온 것은 잃어버린 자를 찾아 구원하려 함이니라

〔준비물〕

- 빈 의자 둘
- 탁자 하나
- 색깔 천
- 본문을 적은 전지
- 단어 카드

  아주 작은 / 부자 / 외톨이

- 찬양 악보 또는 가사 〈형제의 모습 속에〉

I. 도입

1. 몸으로 다가서기

이전의 시간과는 조금 다르게 **몸으로** 다가서기를 실행합니다. 공간의 중앙에 빈 의자 하나를 가져다놓습니다. 진행자는 참가자 중 한 사람, 특히 지난 시간〔훈련의 길 3〕에서 자기의 상황을 잘 표현했던 사람을 앞으로 나와 달라고 부탁합니다. 그리고 그 사람에게 "지금부터 천천히 읽어주는 내용을 몸으로 조금씩 표현해주세요!"라고 부탁합니다. 이때 그 한 사람을 제외한 나머지 참가자들은 모두 일어서서 일렬로 쭉 늘어섭니다. 마치 '벽' 같은 모습으로…. 진행자가 **몸으로** 다가서기를 낭독합니다. 조용한 음악이 있으면 좋습니다.

가끔 난 혼자라고 느낄 때가 있습니다. 다른 사람들이 '벽'처럼 느껴집니다. 다른 사람들에게 가까이 다가설 수가 없습니다. 가까이 다가간다고 해도 그 높은 '벽'에 가로막혀 더 가질 못합니다. 나에게 틈을 내어주지 않는 사람들, 나에게 여지를 주지 않는 사람들…. 그 벽의 차가움을 몸서리치게 느끼며 뒤돌아 설 때가 자주 있습니다. 터벅터벅 걸어서 나만의 공간으로 들어오지만, 거기서도 마음이 편안하지 않습니다. 정

말 이렇게 살고 싶었던 건 아닌데… . 저 사람들로부터, 또 나로부터 멀리 떨어져 있는 나는 그 어느 때보다 초라해 보입니다. 나의 키는 세상 그 누구보다도 작아 보입니다.

이제 나는 나만의 세계에 처박혀 살아갑니다. 내 주변을 둘러싸고 있는 '벽'에 익숙해진 것입니다. 저 벽을 넘어보려고 몇 번 시도를 했습니다만, 그럴 때마다 어색하고 부담스러운 내 모습을 발견했습니다. 사람들은 그런 저를 조롱하곤 했습니다. 괜히 엉뚱한 짓을 한 것이지요. 그런데 저는 또다시 그런 엉뚱한 짓을 하고 말았습니다. 저 '벽' 너머에 뭔가가, 누군가가 있는 것 같은 강렬한 예감, 호기심 때문이었습니다. 그래서 야트막한 나무에 올라갑니다. 얼마 만에 나무를 타는 건지 모릅니다. 이제 곧 '벽' 너머의 세계를 볼 수 있을 것 같습니다. 아뿔싸! 그런데 '벽'들이 저를 쳐다보는군요. 그 시선 때문에 몸이 뻣뻣하게 굳어버립니다. 얼른 내려가지도 못하는 나의 엉거주춤한 모습이 고스란히 노출된 것입니다. 내가 하는 일은 왜 다 이 모양일까요?

잠시 여운을 느끼면서 음악이 작아지면 **몸으로 다가서기**를 마칩니다.

2. 웜업

1) 전체를 세 모둠으로 나눕니다. 각각의 모둠은 둥글게 둘러앉아서 마치 카페에서 환담을 나누는 것 같은 분위기를 유지합니다.
2) 각 모둠은 이야기 주제를 하나씩 갖고 있습니다. 1모둠: 내 이름

의 뜻은 무엇인가? 2모둠: 돈이 많아도 행복하지 않을 때는 언제일까? 3모둠: 내가 혹은 나와 가까운 친구가 왕따를 당했을 때를 떠올려보자. 어떤 상황이었고 무엇을 느꼈는가?

▶ 이야기 주제를 A4 용지에 적어놓고 모둠이 이루어지는 공간(예: 둥글게 둘러앉을 수 있는 곳) 가운데 놓아둡니다.

3) 각 모둠별로 주제에 대한 이야기를 간단하게 나눕니다. 예를 들어 1모둠은 자신의 이름의 뜻과 내용에 대해서 말하고 그것에 대한 자기 생각을 말합니다.

▶ 한 사람이 1~2분 정도 말하면 적당합니다. 진행자는 한 모둠당 사람 수에 따라 예상 시간을 정해줍니다(예: 다섯 명이 한 모둠이라면 10분 정도 시간을 줍니다). 시간이 다 되면 서서히 이야기를 정리하고 다음 모둠으로 넘어가라고 안내해줍니다.

4) 1, 2, 3모둠이 차례로 옮겨가면서 세 가지 주제를 모두 충분히 이야기할 수 있도록 합니다.

5) 한 사람이 이야기할 때 다른 사람은 침묵 속에서 경청하는 것을 원칙으로 합니다. 잘 들어주는 것이 중요합니다.

II. 몸으로 성경 읽기

[말씀에 귀 기울이기]
본문 누가복음 19장 1-10절을 한 사람이 본문의 동사에 유의하여 낭독
합니다.

1. 훈련의 길 1 ― 본문 묵상하기

1) 활동

본문을 전지에 기록하여 게시한 후, 본문의 동사에 주의하면서 관심
이 가는 행동, 궁금한 행동을 표시하고 이야기 나눕니다.

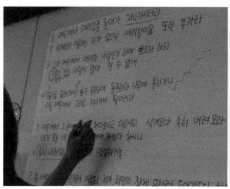 

2. 훈련의 길 2 — 삭개오 나는 누구인가?

1) 목적: 삭개오의 특징을 드러내는 세 가지 단어 중 하나에 감정이입을 함으로써 본문과 자신을 연결시킵니다.

2) 활동

① '아주 작은', '부자', '외톨이'라고 적은 종이카드를 준비하여 바닥에 놓은 후, 참가자들에게 한 가지를 선택하도록 합니다. 삭개오의 한 가지 특징에 감정이입을 하는 단계입니다.

② 각 모둠별로 삭개오의 특징 중 '왜' 그것을 택했는지 이야기를 나눕니다.

③ 전체가 원형으로 앉아 자신을 삭개오의 모습과 동일시하여 작은 자, 부자, 외톨이로서의 나의 모습을 소개하는 시간을 갖습니다.

3. 훈련의 길 3 — 드라마로 이해하기

1) 활동

① 본문을 네 개의 장면(1-3, 4, 5-6(8) / 7, 9-10절)으로 구분하고, 참가자들을 네 개의 모둠으로 나누어 본문을 연기하도록 준비시킵니다.

② 각 모둠이 돌아가면서 맡은 장면을 연기하고 나면, 나머지 사람들은 삭개오 또는 장면의 인물의 '더블'(분신)이 되어 자기의 감정이

나 생각을 이야기합니다. 상황에 따라 인도자는 등장인물 또는 '더블'(등장인물이 무슨 말을 해야 할지 모르는 상황에서, 다른 참가자들 중에서 누군가가 잠시 그의 역할을 맡아줌)과 대화를 나눕니다.

장면 ❶ (1-3절)	삭개오가 예수를 보고 싶으나 보지 못함(삭개오, 군중=벽, 예수)
장면 ❷ (4절)	삭개오가 돌무화과나무 위로 올라감(삭개오, 군중, 돌무화과나무) → 돌무화과나무(빈 의자)를 보고, 다가가서 올라가는 모습을 재현
장면 ❸ (5-6/8절)	예수께서 삭개오를 보시고 다가오셔서 말씀하심 → 예수께서 삭개오를 보시고 다가오셔서 말을 건네는 장면을 연출
장면 ❹ (7/8-10절)	주변 사람들의 수군거림과 예수님의 말씀 → 예수님과 삭개오의 식사 자리: 군중의 수군거림/예수님의 대답/ 삭개오의 심정

〔장면 ❶〕

▸ 진행자는 편안하게 질문을 던지며 삭개오와 사람들의 느낌을 물어봅니다.

▸ 벽을 치고 있는 사람들에게도 질문합니다.

— "삭개오에게 왜 그러는 거죠?"

— "삭개오에게 얼마만큼의 세금을 부당하게 뜯겼나요?"

— "지금 느낌이 어떤가요?"

▸ 삭개오에게 묻습니다.

— "사람들의 반응을 보면서 무얼 느끼나요?"

— "왜 예수라는 사람을 만나고 싶나요?"

— "그 사람은 어떤 사람일 것 같나요?"

〔장면 ❷, ❸〕

▸ 삭개오에게 '돌무화과나무' 역할을 해줄 의자를 하나 가져다줍니다.

▸ 삭개오에게 질문합니다.

— "나무를 잘 타시나요?"

— "얼마 만에 나무를 타는 건가요?"

▸ "예수라는 사람이 당신에게 말을 걸어 줬으면 좋을까요? 아니면 그냥 보

기만 하는 걸로 됐나요?"

▶ 인도자가 누가복음 19장 5-6절을 낭독합니다.

▶ 예수님이 삭개오의 이름을 불러주고 삭개오의 집에 가겠다고 말합니다.

▶ 삭개오에게 묻습니다.

　— "예수님이 이름을 불러주시니까 느낌이 어떤가요?"

▶ 나무 위에 있는 삭개오에게 또 해주고 싶은 말이 있는지 예수님에게 묻습
　니다.

▶ 다른 사람들도 예수님의 마음이 되어서 삭개오에게 해주고 싶은 말을 합
　니다.

▶ 삭개오가 내려옵니다. 예수님이 그를 안아주십니다.

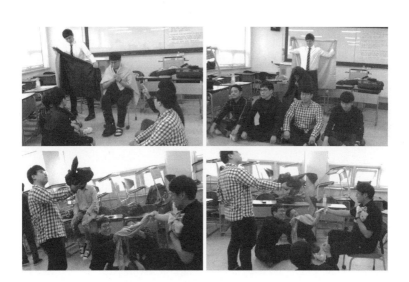

〔장면 ❹〕

▶ 삭개오와 예수님이 의자에 앉아서 식사를 하는 장면을 연기해봅니다.

▶ 인간 '벽'이 두 사람을 포위하고 수군거리기 시작합니다.

▶ 인도자가 누가복음 19장 8절을 읽어줍니다. 삭개오가 큰 소리로 그 내용을 외쳐봅니다.

▶ 그러자 벽으로 있던 사람들 크게 박수를 쳐줍니다. 환호성을 터뜨려도 좋습니다.

▶ 그때 예수님도 일어나서서 9절의 멘트를 하십니다.

▶ 예수님은 전에 삭개오가 올라갔던 나무의자로 다가가십니다.

▶ 그리고 그 의자에 올라가십니다. 삭개오를 비롯하여 모든 사람을 바라보십니다.

▶ 그리고 10절을 말씀하십니다.
　　― "인자가 온 것은 잃어버린 자를 찾아 구원하려 함이니라."

▶ 또는,
　　― "내가 온 것은 너희를 찾아서 원래의 자리로 데려다 주기 위해서야!"

▶ 마지막으로 삭개오가 자기에게 일어난 변화에 대해 이야기합니다.

그분이 '벽'을 제치고 내게 다가와서 → 나를 우러러보고 → 내 이름을 불러주었을 때, 내 안에 있던 붉고 따뜻한 무엇인가가 활짝 피어나는 것을 느낄 수 있었습니다. 나는 급히 나무에서 내려왔습니다. 그의 넉넉한 존재가 나를 있는 그대로 안아주었습니다. 이제 더는 저 나무에 올라갈 필요가 없을 것 같았습니다.

저 '벽'들은 이제 나와 예수님을 포위하고 "수군거려" 말합니다. 나 때문에 예수님이 더욱 난처해지신 것 같아 죄송한 마음도 듭니다. 저 '벽'들이 더욱 무섭게 느껴지기도 합니다. 그러나 내 이름을 불러주신 그분 앞에서 새로운 삶에 대한 나의 꿈을 말씀드렸습니다. 그러자 그분이 나에게 감동적인 말씀을 해주셨습니다. 나의 집에 구원이 이르렀다고, 나도 아브라함의 아들이라고 말입니다.

그분이 나에게 들려주신 마지막 말씀은 마치 어느 나무 위에서 들려오는 말씀 같았습니다. "인자가 온 것은 잃어버린 자를 찾아 구원하려 함이니라."

III. 영으로 성경 읽기

1. 성찰과 나눔

오늘 훈련의 과정 속에서 느낀 점을 서로 되돌아보고 나누는 시간입니다. 자신에게 의미 있게 다가왔던 부분뿐만 아니라 부담스럽거나 힘들었던 부분도 함께 이야기할 수 있습니다.

같은 내용에 대해서 서로 다른 의견을 이야기할 수 있으나, 서로의 의견을 반박하는 일은 없도록 표현에 주의를 기울입니다.

2. 영으로 다가가기

유대인 역사가 요세푸스는 여리고를 "팔레스타인에서 가장 비옥한 곳"이라고 불렀습니다. 그러나 바로 그렇기 때문에 로마 식민통치 세력이 눈독을 많이 들이는 곳이기도 했습니다. 여리고에는 팔레스타인 전체에서 손꼽히는 큰 세관이 있었습니다(William Barclay, *The Gospel of Luke*, p. 234). 그러니 그 풍요로운 도시 사람들은 그다지 행복하지 않았을 것 같습니다. 로마의 앞잡이가 되어 동족의 소유를 강탈하는 세리들 그리고 그 세리들을 감독하는 삭개오는 로마인보다 더 미운 사람이었을 겁니다. 여리고 사람들은 모종의 합의를 했을지도 모릅니다. 삭개오에게 세금을 뜯기는 거야 어쩔 수 없지만, 사회적으로는 삭개오를 완전히 외면하고, 제명하기로 말입니다. '하나님도 저런 놈은 용서하지 않으실 거야!' 그런데 바로 그 삭개오가 볼썽사납게도 가로수 위에 올라가 있는 것입니다.

하지만 놀랍게도 예수님께서 그에게 다가가시고 → 우러러 보시고 → 말을 건네십니다. "삭개오야!" 그의 이름을 가리켜 부르십니다〔指名/지명〕. 이사야의 말씀이 떠오릅니다. "너는 두려워하지 말라 내가 너를 구속하였고 내가 너를 지명하여 불렀나니 너는 내 것이라"(사 43:1). 그리고 보니 '삭개오'라는 이름은 '순결함', '정직함'을 뜻하는 '자카이'에서 온 말이군요. 삭개오의 삶에 기쁨이 찾아옵니다. 예수님은 기꺼이 그의 손님이 되어주십니다. '죄인' 삭개오와 함께 먹고 마십니다. 예수님의 이런 모습은 바리새인들과 서기관들에게만이 아니라 '뭇 사람'을 충격에 빠뜨립니다.

예수님은 "오늘 구원이 이 집에 이르렀다!", "이 사람도 아브라함의 자손이다!"라고 선언하십니다. 그 철저한 받아주심이 삭개오의 철저한 변화를 이끌어냅니다. 예수님의 마지막 말씀이 귀에 쟁쟁합니다. "인자가 온 것은 잃어버린 자를 찾아 구원하려 함이니라." 다른 사람들로부터 소외된 한 사람, 심지어 하나님으로부터 완전히 동떨어진 것 같아 보이는 한 사람, 잃어버린[상실한] 영혼을 구원하기 위해서 그분이 "오십니다." 벽을 허물고 다가오십니다. 우리의 이름을 부르시고 맞아 주시고 우리의 벗이 되어주십니다. "예수와 삭개오의 만남은 예수의 공적인 모든 활동에 대한 일종의 요약과 같고, 이 이야기가 전하는 소식은 '누가가 전하는 복음' 전체의 총계와 같습니다"(독일성서공회 해설 참조).

IV. 마무리

1. 호흡기도

편안한 자세로 서서 깊은 숨을 들이쉬고 내쉬면서 드리는 기도입니다.

　　─ 숨을 들이쉬면서: 주님, 내 이름을 불러주십시오.
　　─ 숨을 내쉬면서: 참사람, 참사랑이 되게 하소서.

2. 찬양♪ 〈형제의 모습 속에〉

형제(자매/우리)의 모습 속에서 보이는 하나님 형상 아름다워라
존귀한 주의 자녀 됐으니 사랑하며 섬기리

3. 함께 드리는 기도

내 삶의 벽을 허물 수 있기 위해 기도합시다. 우리 사회에 있는 벽을
허물 수 있기 위해 기도합시다. 오늘은 한마디씩 돌아가면서 기도하
고 마무리 짓도록 하겠습니다.

〔모임 후 느낀 점〕

제5과

"주님께서 너와 함께"
그리스도를 경험하기

〔귀 기울일 말씀〕

눅 24:13-35

¹³그 날에 그들 중 둘이 예루살렘에서 이십오 리 되는 엠마오라 하는 마을로 가면서 ¹⁴이 모든 된 일을 서로 이야기하더라 ¹⁵그들이 서로 이야기하며 문의할 때에 예수께서 가까이 이르러 그들과 동행하시나 ¹⁶그들의 눈이 가리어져서 그인 줄 알아보지 못하거늘 〔…〕 ²⁸그들이 가는 마을에 가까이 가매 예수는 더 가려 하는 것 같이 하시니 ²⁹그들이 강권하여 이르되 우리와 함께 유하사이다 때가 저물어가고 날이 이미 기울었나이다 하니 이에 그들과 함께 유하러 들어가시니라 ³⁰그들과 함께 음식 잡수실 때에 떡을 가지사 축사하시고 떼어 그들에게 주시니 ³¹그들의 눈이 밝아져 그인 줄 알아보더니 예수는 그들에게 보이지 아니하시는지라 ³²그들이 서로 말하되 길에서 우리에게 말씀하시고 우리에게 성경을 풀어 주실 때에 우리 속에서 마음이 뜨겁지 아니하더냐 하고 ³³곧 그 때로 일어나 예루살렘에 돌아가 보니 열한 제자 및 그들과 함께 한 자들이 모여 있어 ³⁴말하기를 주께서 과연 살아나시고 시몬에게 보이셨다 하는지라 ³⁵두 사람도 길에서 된 일과 예수께서 떡을 떼심으로 자기들에게 알려지신 것을 말하더라

〔준비물〕

■〔훈련의 길 2: 잔을 통한 채움의 경험〕
　— 작은 탁자, 식탁보, 잔(참여자가 각자 준비), 주전자(2), 물이 든 물통
■〔훈련의 길 3: 빵을 통한 나눔의 경험〕
　— 빵(큰 것), 빵을 담을 그릇, 식탁보
■ 찬양 악보 또는 가사 〈사랑의 나눔〉

I. 도입

1. 몸으로 다가서기

내 자신을 돌아볼 때마다 답답하고 실망스럽습니다. 왜 이렇게 삶은 내 뜻과는 상관없이 흘러가는 것일까요? 내가 꿈꾸고 원했던 삶은 이것이 아니었습니다. 비록 화려하지는 않더라도 하루하루 의미 있고 활기차게 살아가고 싶었습니다. 그런데 지금의 내 모습을 바라보고 있으면 나는 어느새 생명이 없는 로봇 같다는 생각이 듭니다. 누군가 멋대로 정해놓은 프로그램에 따라 내 의지와 상관없는 일상을 반복하고 있는 로봇 말입니다. 그래서 나는 두 눈을 뜨고 있지만 본질을 보지 못하고 겉모습만 바라보고 있는 것 같습니다. 살아가고 있지만 내 안에는 영혼이 없는 것처럼 느껴집니다. 내 안에 열정이 사라진 것 같습니다.

오늘도 하루의 일과를 마치고 무거운 발걸음을 집으로 옮깁니다. 몸은 점점 피곤하고 지쳐만 갑니다. 친구도 가족도 귀찮습니다. 누군가 아프고 힘들어하면 그를 향한 걱정과 위로의 말을 생각하기보다는 '나도 너만큼 아프고 힘들어!'라는 생각과 함께 짜증이 먼저 납니다. 왜 이런 삶을 반복하며 살아가고 있는 것일까요? 언제까지 겉모

습의 삶을 이어가야만 하는 것인지… 나는 마치 오즈의 마법사에 등
장하는 양철 나무꾼이 되어버린 느낌입니다. 과연 나는 다시 내 심장
을 회복할 수 있을까요?

2. 웜업: 너의 목소리를 따라서

1) 둘씩 짝을 이룹니다. 한 사람은 눈을 가리고, 다른 사람은 일정한
   거리에서 목소리로 자신의 짝이 과제를 수행할 수 있도록 인도합
   니다. 눈을 가린 사람은 자기 짝의 음성을 귀 기울여 듣고 그 음성
   을 따라 과제를 수행해야 합니다.
2) 동시에 여러 팀이 같은(또는 서로 다른) 미션을 수행하기 때문에
   자신의 짝의 음성에 귀를 기울여야 미션을 수행할 수 있습니다.
   예를 들어, 인도자는 정해진 지점에 이르게 한다든지, 주변의 물
   건을 찾도록 하는 과제 등을 제시할 수 있습니다.
3) 보이지 않지만 자기 곁에서 누군가가 자신의 길을 인도하고 있다
   는 것을 체험케 하는 활동입니다.

II. 몸으로 성경 읽기

[말씀에 귀 기울이기]
먼저 본문의 말씀을 한 사람이 낭독할 때, 귀 기울여 듣습니다.

1. 훈련의 길 1: 엠마오로 가던 길에서

1) 목적: 본문을 몸과 동작으로 표현함으로써 본문에 입체감을 더하기

2) 준비: 본문과 관련된 그림엽서 / 본문 주석을 위한 도움 자료(열다)

3) 활동

① 전체 인원을 2~3모둠으로 나눈 뒤, 본문을 몇 장의 장면(조각)으로 연출합니다. 2~3모둠으로 나누는 이유는 본문에 대한 서로 다른 이해를 이끌어내기 위해서입니다. 연출을 할 때 예수님과 제자들이 식탁을 나누는 과정(24장 30절)이 절정을 이루도록 합니다.

② 참고로 본문 속에서 제자들의 '눈이 열림'으로써, 예수 그리스도를 알아보게 되는 본문의 과정을 설명합니다.

> 31절의 "저희 눈이 밝아져"에서 '밝아져'라고 번역된 단어의 본래 뜻은 '열려졌다'입니다. 32절 "성경을 풀어주실 때에"에서 '풀어주다'라

는 단어도 "눈이 밝아졌다"에서와 마찬가지로 '열다'라는 단어가 사용되었습니다.

③ 다음과 같은 과정으로 진행할 수 있습니다.

  (예시) 엠마오로 가는 두 사람 → 예수님의 동행 → 식탁 교제 →
  예루살렘으로 가는 두 사람

2. 훈련의 길 2: 잔을 통한 채움의 경험

1) **목적**: 잔에 감정이입하여 자신의 빈 공간을 그리스도로 채우는 영
   적 경험을 시도합니다.
2) **준비**: 작은 탁자, 식탁보, 잔(참여자가 각자 준비), 주전자(2), 물이
   든 물통
3) **활동**: 중앙에 참여자들이 준비한 모든 잔을 올려놓을 수 있는 크기
   의 탁자를 하나 준비합니다.
① 잔을 관찰하기
   잔잔한 음악을 들려줍니다. 각자가 준비해 온 잔을 꺼내어 손 위에
   올려놓고 바라봅니다. 잔을 가만히 자세히 바라보도록 합니다. 긁
   힌 곳, 이 빠진 곳은 없는지, 어떤 문양과 색깔을 가지고 있는지,
   주로 어떤 용도로 사용되었는지 살펴봅니다.
② 나는 잔입니다 1
   잔이 '나'라고 생각하고, '내 모습은 지금 어떤 모습인가?' 자기 자
   신을 말해봅시다.

> "나는 … 잔입니다"
> (예시) 나는 겉만 번지르르한 잔입니다.
>   나는 작지만 아름다운 잔입니다.

자기소개가 끝나면, 들고 있던 잔을 탁자 위에 배열합니다. 한 사람씩 자기소개와 잔을 탁자 위에 올리는 행위가 끝나면 다른 사람이 자기소개를 하고 잔을 가져다놓습니다.

③ 주변을 걷기

탁자의 잔들을 바라보며 탁자 주변을 거닐어보겠습니다. 내 잔과 다른 사람의 잔을 비교해보도록 합니다. 잔들의 모습을 보며 엠마오로 가던 두 제자의 모습 같은 내 모습을 성찰해봅니다. 침묵 속에서 천천히 탁자 주변을 걷습니다.

④ 그리스도로 채워진 잔

'나'라는 잔에 그리스도를 상징하는 생수를 채웁니다. 나의 빈 잔을 그리스도로 채우는 것입니다. 순서에 따라 자신의 빈 잔에 생수를 채우도록 하겠습니다. 채우는 과정을 통해서 그리고 채워진 잔을 바라보면서 내게 조금이나마 달라지는 모습을 느껴보도록 합니다.

▶ 이때, 물주전자를 이용해 각자의 잔에 물을 채워 넣습니다. 가득 채울 수도 있고, 반만 채울 수도 있고, 약간만 채울 수도 있습니다. 어떤 사람은 자신의 잔을 물로 씻어낸 뒤 채우기도 합니다. 중요한 것은 물이 제법 많이 필요하다는 것입니다. 미리 상당한 양의 물통을 준비해서 주전자 하나를 사용하는 동안 다른 주전자의 물을 채워두는 것이 좋습니다.

⑤ 나는 잔입니다 2

물로 채워진 잔을 바라보며 서로 다음과 같이 말하도록 합니다.

"저기 … 한 잔이 있습니다. 그 잔이 앞으로 … 되면(하면) 좋겠습니다."

(예시) 저기 볼품없는 잔이 있습니다. 그 잔이 남들의 갈증을 풀어주는 잔이 되면 좋겠습니다.

3. 훈련의 길 3: 빵을 통한 나눔의 경험

1) 목적: 그리스도의 빵의 나눔의 의미를 오늘날 새롭게 경험하기

2) 준비: 빵(큰 것), 빵을 담을 그릇, 식탁보, 음악

3) 활동

① 빵에 대한 우리의 기억 나누기

빵과 관련된 그림들을 바닥에 펼쳐놓습니다. 그림 중 하나를 고르고 그 그림 속의 빵이 자신과 어떤 관련이 있는지 생각해봅니다. 빵과 관련해서 있었던 과거의 일을 기억해서 함께 나누어도 좋습니다(2~3모둠으로).

② 모두가 원형으로 중앙을 바라보고 앉습니다. 함께 찬양을 할 때, (맡은이가) 각 모둠의 중앙에 작은 식탁보를 준비하고, 그 위에 빵을 담을 수 있는 접시를 올려놓습니다.

③ 인도자는 참여자들에게 우리의 기도를 필요로 하는 사람(자기 가족 또는 이웃)을 한 사람 정하게 합니다. 힘든 일을 당했거나, 병이 들었거나 해서 우리 모두의 기도가 필요한 사람을 생각하게 합니다.

④ 이제 인도자는 다음의 이야기를 들려줍니다.

> 어느 마을의 골목에 작은 빵집이 하나 있었습니다.
> 마을에 사는 사람들은 매일 이곳을 찾아와 빵을 사갔습니다. 이 빵집의 주인은 선량한 사람이었습니다. 하지만 사람들이 이 빵집

에서 빵을 즐겨 사는 이유는 단지 주인이 선량하기 때문은 아니었습니다.

이 빵집의 주인은 아주 재미있는 사람이었습니다. 어떤 사람은 그 주인을 '좀 이상한 사람'이라고 보았지만, 그것은 아주 일부에 지나지 않았습니다. 대부분의 사람은 빵집 주인을 지혜롭고 아주 친절하다고 생각했습니다. 심지어 어떤 사람들은 빵집 주인을 선지자라고 생각하기도 했습니다. 그 빵집 주인은 빵이 단순히 사람의 배를 부르게 하는 것이 아니라는 것을 알고 있었습니다.

어느 날 마을의 버스 운전사가 우연히 빵집을 들르게 되었습니다. 그 운전사의 얼굴을 본 빵집 주인은 "어디 힘든 일이 있는 것처럼 보이는군요"라고 말했습니다.

그 버스운전사가 대답했습니다. "어린 딸 때문에 걱정입니다. 그 아이가 어제 그만 이층 창문에서 떨어졌답니다."

빵집 주인이 물었습니다. "그 아이가 몇 살이나 되었습니까?"

버스 운전사가 대답했습니다. "겨우 네 살입니다"

그러자 그 빵집 주인은 빵을 하나 집어 들고서는 둘로 쪼갠 뒤에 한 조각을 버스 운전사에게 주며 말했습니다. "나와 함께 빵을 나눕시다. 당신과 당신의 딸을 기억하도록 하겠소."

그 버스 운전사는 그런 일을 처음 겪었습니다. 하지만 버스 운전사는 그 빵집 주인이 자신에게 빵을 건네주면서 했던 말이 무슨 뜻인지 금세 알 수 있었습니다. 그래서 그 두 사람은 빵 한 조각씩을 나눠 먹었습니다. 두 사람은 잠시 아무 말도 하지 않은 채 병원에 있을 아이를 떠올렸습니다.

처음엔 버스 운전사와 빵집 주인 두 사람뿐이었습니다. 잠시 후에 한 여성이 빵집으로 들어왔습니다. 그 여성은 가까운 시장에서 우유 두 병을 산 뒤, 이제 빵을 사려고 들어온 것입니다. 그 여성이 빵을 주문을 하려고 하자 빵집 주인은 빵 한 조각을 떼어 그 여성의 손에 건네주며 말했습니다.

"어서 오십시오. 우리와 함께 빵을 나눕시다. 이분의 어린 딸이 심하게 다쳐서 병원에 입원 중입니다. 창문에서 떨어졌다는군요. 네 살밖에 안 됐답니다. 우리가 이분이 혼자가 아니라는 것을 알게 해줬으면 합니다."

그래서 그 여성은 빵 한 조각을 받아 두 사람과 함께 먹었습니다.

이제 우리는 이 이야기처럼 서로 떡을 나누며 서로를 위해 기도하는 시간을 갖고자 합니다. 서로에게 있었던 기쁜 일도 좋고, 문제도 좋습니다. 함께 나누고 그것을 위해 기도하려고 합니다.

⑤ 한 사람이 중앙으로 나와 기도가 필요한 사람을 말합니다.

⑥ 인도자는 이야기한 사람의 걱정/아픔이 그 사람만의 걱정/아픔이 아니고 우리의 걱정/아픔임을 말합니다. 그리고 빵을 함께 나누자고 초청합니다.

"여기 ○○형제/자매에게 … 한 걱정/아픔이 있습니다.
○○의 아픔은 ○○의 아픔만이 아니고, 우리 모두의 아픔입니다.
이제 함께 빵을 나눕시다.

주님의 몸을 통해 우리가 형제자매의 아픔을 기억하도록 하겠습니다."

⑦ 기도 제목을 내어놓은 사람이 빵을 들고 참여자들 한 사람 한 사람에게 빵을 떼어 나누어줍니다. 떼어주면서 그는 "○○를 위해서 기도해주십시오"라고 말한다. 받는 사람은 "○○의 아픔은 나의 아픔입니다"라고 말하면서 받는다.

⑧ 빵을 받은 사람은 빵을 먹은 뒤 잠시(10초가량) 침묵 속에서 기도합니다.

⑨ 빵 나눔이 끝나면 함께 〈사랑의 나눔〉 찬양을 함께 부릅니다.

♪사랑의 나눔 있는 곳에, 하나님께서 계시도다♪

⑩ ⑤~⑨를 반복합니다. 참여자의 수가 20명 이상일 경우에는 떡을 떼는 시간이 오래 걸리므로, 상황에 따라 2~3모둠으로 나누어 진행하는 것이 좋겠습니다.

III. 영으로 성경 읽기

오늘 말씀을 다 같이 읽도록 합니다. 성경에서 느낀 것, 새롭게 다가온 부분을 이야기 나누도록 합니다.

1. 성찰과 나눔

오늘 훈련의 과정에서 느낀 점을 서로 되돌아보고 나누는 시간입니다. 자신에게 의미 있게 다가왔던 부분뿐만 아니라 부담스럽거나 힘들었던 부분도 함께 이야기할 수 있습니다.

같은 내용에 대해서 서로 다른 의견을 이야기할 수 있으나, 서로의 의견을 반박하는 일은 없도록 표현에 주의를 기울입니다.

2. 영으로 다가서기

우리의 모습은 마치 실망과 한탄 속에서 힘없이 걷고 있는 엠마오로 가는 제자들의 모습과 흡사합니다. 주님과 경험했던 첫 만남의 감동을 잃어버린 채, 주님의 제자로 살겠노라고 다짐했던 사명과 열정을 잃어버린 채, 어디로 이어지는지도 모르는 길을 힘없이 걸어가고 있는 모습이지요. 어떻게 하면 우리는 처음의 감동과 열정을 회복할 수 있을까요?

오늘 두 제자는 그리스도를 발견하고, 그리스도를 바라봄으로써 그 열정을 회복할 수 있었습니다. 사실 그분은 이미 그들 곁에 와 계셨는데 그들의 눈이 가리어져서 보지 못하고 있었던 겁니다. 뒤늦게 제자들은 예수님이 바로 그들 곁에 '함께'하고 계셨다는 것을 깨닫게 됩니다. 바로 그들 삶의 한복판에 계셨던 것이지요.

그들이 부활하신 그리스도를 발견하게 된 것은 바로 떡을 떼어 나누는 사건을 통해서였습니다. 그날 저녁 함께 떡을 떼는 과정에서 그들의 눈이 열려 그리스도를 보게 되었고, 눈이 열리자 그들의 마음에도 새로운 빛과 열정이 타오르게 되었습니다. 제자들은 그리스도께서 떼어주시는 떡을 나눔으로써 그리스도의 현존을 느끼게 되었고, 그분의 현존을 힘입어 다시금 그리스도의 제자로서 열정을 회복하게 되었던 것입니다.

마찬가지로 우리에게 떡을 나눈다는 것은 그리스도께서 함께하심을 느끼는 것입니다. 또한 우리가 오늘 그것을 기억하고 이어간다는 것은 그분이 우리에게 나눠주셨듯이, 우리도 주변의 이웃들과 함께 떡을 통해 기쁨과 슬픔을 나누고 위로할 수 있음을 말함이 아니겠습니까? 떡을 나눔으로써 우리는 우리의 기쁨과 슬픔을 함께 나눌 수 있습니다. 나의 기쁨이 친구의 기쁨이 될 수 있고, 친구의 아픔이 나의 아픔이 될 수 있습니다. 바로 떡을 나눔으로써 말입니다. 그리고 그 떡을 나누고 이어가는 과정을 통해서 우리는 그리스도를 향한 첫사랑과 열정을 이어갈 수 있을 것입니다. "하나님은 우리의 삶 한복판에 현존하시며 그분의 현존을 통해서 [우리] 삶을 거룩하게 만드십니다"(『성서, 어떻게 가르칠 것인가』, 203쪽).

IV. 마무리

1. 호흡기도

편안한 자세로 서서 깊은 숨을 들이쉬고 내쉬면서 드리는 기도입니다.
　─ 숨을 들이마시며: 그리스도의 몸을 내 안에
　─ 숨을 내쉬며: 너를 향한 나눔으로

2. 찬양♪ 〈사랑의 나눔〉

사랑의 나눔 있는 곳에,
하나님께서 계시도다.

3. 함께 드리는 기도

나의 빈 공간을 주의 생수로 늘 가득하기를 기도합시다.
주의 몸을 나누는 사랑을 실천하게 하소서.

마지막으로, 인도자의 기도로 다섯 번째 시간을 마칩니다.

〔모임 후 느낀 점〕

〔모임 후 느낀 점〕

"너는… 떠나… 가라!"
몸과 영이 하나 되어 떠나는 사람

창세기 11:27-12:4

¹¹:²⁷데라의 족보는 이러하니라 데라는 아브람과 나홀과 하란을 낳고 하란은 롯을 낳았으며 ²⁸하란은 그 아비 데라보다 먼저 고향 갈대아인의 우르에서 죽었더라 ²⁹아브람과 나홀이 장가 들었으니 아브람의 아내의 이름은 사래며 나홀의 아내의 이름은 밀가니 하란의 딸이요 하란은 밀가의 아버지이며 또 이스가의 아버지더라 ³⁰사래는 임신하지 못하므로 자식이 없었더라 ³¹데라가 그 아들 아브람과 하란의 아들인 그의 손자 롯과 그의 며느리 아브람의 아내 사래를 데리고 갈대아인의 우르를 떠나 가나안 땅으로 가고자 하더니 하란에 이르러 거기 거류하였으며 ³²데라는 나이가 이백오 세가 되어 하란에서 죽었더라 ¹²:¹여호와께서 아브람에게 이르시되 너는 너의 고향과 친척과 아버지의 집을 떠나 내가 네게 보여 줄 땅으로 가라 ²내가 너로 큰 민족을 이루고 네게 복을 주어 네 이름을 창대하게 하리니 너는 복이 될지라 ³너를 축복하는 자에게는 내가 복을 내리고 너를 저주하는 자에게는 내가 저주하리니 땅의 모든 족속이 너로 말미암아 복을 얻을 것이라 하신지라 ⁴이에 아브람이 여호와의 말씀을 따라갔고 롯도 그와 함께 갔으며 아브람이 하란을 떠날 때에 칠십오 세였더라.

〔준비물〕

■ 신문지

■ 의자

■ A5 25장 / 펜

■ 벽이 되는 사람들의 대사 종이

> 우리가 너를 키웠는데 어디로 간다는 거야? / 너는 그럴 용기가 없다고! /
>
> 그건 위험한 일이야! / 우리하고 같이 있자 / 우리는 네가 필요해

■ 찬양 악보 또는 가사 〈나 주님의 기쁨 되기 원하네〉

1. 몸으로 다가서기

여기, 길을 떠난 사람의 이야기가 있습니다. 금방 되돌아올 여행길을 떠난 것이 아닙니다. 삶의 자리를 완전히 버리고 새로운 세상을 향해 떠나는 길입니다. 길을 떠난다는 것은 몸을 움직여야 하는 일입니다. 그런데 그 몸은 절망으로 위축된 몸이지요. 새로움을 낳고 기르는 기쁨을 누리지 못하는 몸이지요. 점점 약해지고 늙어가는 게 두려운 몸입니다. 그런 몸으로 먼 길을 떠난다는 것은 무모한 일입니다. 생각만 해도 아찔합니다. 그것은 더 큰 위험에 노출되는 일입니다. 그럼에도 그는 몸을 끌고 결연히 길을 떠납니다. 어떻게 그런 일이 가능했을까요?

2. 웜업: 신뢰하기(뒤로 넘어지기)

1) 한 명씩 차례대로 진행합니다. 차례가 된 사람은 눈을 감습니다. 양팔로 자신의 상체를 가볍게 감쌉니다.
2) 다른 사람들(최소 여섯 사람)은 그 사람의 뒤쪽에 가서 양쪽으로

나뉘어져 섭니다. 왼쪽과 오른쪽에 각각 늘어서서 몸을 낮추고 그
사람이 뒤로 몸을 넘어뜨릴 때 받을 준비를 합니다.

3) 준비가 되면, 진행자가 그 사람에게 '하나, 둘, 셋!' 할 때 뒤로 자기
몸을 반듯이 (허리와 무릎을 굽히지 않고) 쓰러뜨리라고 지시합니
다. 쓰러지면 뒤에 서 있던 사람들이 받아줍니다.

4) 모두가 한 번씩 '뒤로 넘어지기'와 '든든하게 지탱됨'의 경험을 합
니다.

〔말씀에 귀 기울이기〕
〔말씀에 귀 기울이기〕

먼저 본문의 말씀을 한 사람이 낭독할 때, 귀 기울여 듣습니다.

1. 훈련의 길 1 ― 소리의 양탄자*

1) **목적**: 본문을 중심으로 동그란 원을 그리며 걷는 상태에서 말씀을 들으면서 살아 있는 문장의 역동성, 눈으로 보이고 귀로 들리는 역동성을 체험하기

2) **준비**: 의자 하나 주변으로 참가자 모두가 적절한 거리를 두고 섭니다.

3) **활동**

① 성경공부 공간 한복판에 작은 의자 하나를 가져다 놓습니다.

② 본문 낭독을 맡은 사람이 그 의자에 와서 앉습니다.

③ 참가자들은 그 의자 주변에 적당한 거리를 두고 섭니다.

④ 편안하게 의자 주변을 걸어 다닙니다(조용한 음악을 틀어놓습니다).

---

* E. Naurath, *Leib und Seele in Beziehung*, p. 176.

⑤ 움직임이 어느 정도 익숙해졌을 때 낭독자가 창세기 11:27~12:4
  의 본문을 천천히 읽습니다.

⑥ 참가자들은 그 공간을 걸으면서 본문을 듣습니다. 낭독이 끝납니
  다. (음악이 꺼집니다.)

⑦ 참가자들은 잠시 서서, 자기에게 특별히 와 닿았던 단어나 문장을
  떠올립니다.

⑧ (인도자의 말에 따라, 혹은 음악이 다시 켜지고) 참가자들은 계속해서
  자기가 걷던 길을 걸으면서 자기 안에 와 닿은 단어나 문장을 크게
  (다양한 목소리와 몸짓을 써서) 외칩니다.

⑨ 동시에 다른 사람의 외침을 듣습니다.

2. 훈련의 길 2 — 인터뷰

1) 활동

풍요로운 문명의 땅, 이른바 비옥한 초승달 지대Fertile Crescent에 속한 하란Haran 땅의 주민들은 아브람과 사래와 롯의 길 떠남에 대해 어떻게 생각했을까요? 가상 인터뷰를 해봅니다.

① 아브람과 사래의 역할을 맡을 사람을 정합니다. 두 사람은 두 개의 의자, 혹은 한 개의 긴 의자에 앉아 있다. 먼저 두 사람이 하나님의 부르심에 대해 이야기를 나눕니다.

> 아브라함: "사래, 이제 떠날 때가 된 것 같소."
> 사래: (조용히 고개를 끄덕인다)

② 다른 참가자들은 자유롭게 두 사람에게 이런저런 질문을 던지고 두 사람은 질문에 답합니다. "나는 ○○○입니다"라고 자기를 소개한 뒤, 질문을 던집니다.
  (예시) "나는 옆집에 사는 대장장이입니다. 아니, 여기처럼 살기 좋은 곳이 어디 있다고 떠나시는 겁니까? 위험한 일이 많을 텐데, 괜찮으시겠어요?"

③ 마지막으로 두 사람에게 하고 싶은 말을 해줍니다.
  (예시) "갔다가 아닌 것 같으면 언제든지 돌아오세요!"

④ 아브람과 사래가 다시 둘만의 대화를 나눕니다.

3. 훈련의 길 3 — 결단

1) 활동

① 참가자들은 몇 개의 모둠으로 나뉘어 본문을 놓고 이야기를 나눕
   니다.

② 아브람과 사래의 처지에서 본문과 관련하여 이야기를 나눕니다.

③ 만일 나라면 이러한 상황에서 어떻게 할 것인지 상상하며 이야기
   를 나눕니다.

   '떠남이 필요한 순간'을 자각하고 아브람 안에서 자기의 모습을 본
   사람이 있나요?

   '떠남이 필요한 순간'을 자각한 사람은 종이(A5)에 자기가 떠나야
   할 곳을 적어봅니다.

   (예시) 나는 …를 떠나야 한다. / 나는 …로 떠나야 한다.

④ 이제 무대에 '떠나야 할 의자'를 세워두고 떠나야 할 사람이 앉도록 합니다.

⑤ 그 사람(A)과 간단한 인터뷰를 합니다.
"왜 떠나려 하는가?" "무엇이 떠남을 망설이게 하는가?"

⑥ 그 사람(A)에게 자기와 가장 닮은 사람 한 명(D)을 참가자 중에서 고르게 합니다. 자신 말고 다른 사람(D)을 아브람으로 지정한 뒤 공간 중앙에 서 있게 합니다.

⑦ 사방에서 두 명씩 신문지를 가지고 아브람(D)을 향해 다가옵니다. 다가오면서 아브라함에게 소리를 지릅니다. (대사를 미리 줍니다.)

"우리가 너를 키웠는데 어디로 간다는 거야?"
"너는 그럴 용기가 없다고!"
"그건 위험한 일이야!"
"우리하고 같이 있자. 우리는 네가 필요해!" 등등.

⑧ 아브람(D)을 에워싸고 혼돈과도 같은 소리가 계속 들려옵니다.

⑨ 아브람(D)은 기어가는 목소리로 "하지만 난 떠나야 해" 하고 말합니다. 다른 사람들(=군중)은 이렇게 말합니다. "왜? / 꼭 왜 떠나야 하는 거야?"

⑩ 그 사람(A)에게 느낌을 물어봅니다. 직접 아브람(D)의 역할을 맡을 수 있는지 물어봅니다.

⑪ A가 용기를 내어 D 자리에 서도록 합니다. 사방에서 혼돈의 목소리가 계속 들려옵니다.

> "우리가 너를 키웠는데 어디로 간다는 거야?"
> "너는 그럴 용기가 없다고!"
> "그건 위험한 일이야!"
> "우리하고 같이 있자. 우리는 네가 필요해!" 등등.

⑫ A는 자기 안에서 힘을 끌어올려 자기의 목소리("이것이 나의 길이야. 나는 이 길을 갈 거야. 누구도 나를 막을 수 없어!")를 내고, 어느 한쪽으로 돌파해서 나갑니다.

⑬ 나가서 다시 한번 자신의 목소리를 냅니다. 어떤 몸짓과 함께 외쳐도 좋습니다.

⑭ 다른 사람들 중에 원하는 사람이 있으면 시도하도록 합니다.

▶ 창세기 12장 아브람 이야기로 짧은 〈비블리오 드라마〉를 해본 것입니다. 아버지의 집을 떠나 새로운 땅으로 가는 아브람의 이야기를 통해 참가자

들은 자기 삶의 문제와 맞닥뜨리게 됩니다. 다른 사람, 예컨대 부모님의 기대에서 벗어나 자기만의 길을 가는 것입니다. 우리의 내면에서 이런 소리가 들려옵니다. "너는 그럴 용기가 없어!" "너는 그럴 수 없을 거야!" 이런 내면의 목소리를 떨쳐버리는 것이 중요합니다. 이런 문제 상황을 그저 설명만 하는 것이 아니라 연극과도 같은 상황(상호작용의 상황)으로 실현해볼 때, 어떤 새로운 움직임이 일어납니다. "하지만 난 떠나야 해"라는 자신 없는 목소리가 아니라 자신감 넘치는 새로운 목소리가 나온 것입니다. "이것이 나의 길이야. 나는 이 길을 갈 거야. 누구도 나를 막을 수 없어!" 주변의 목소리가 무시무시하게 커진 상황 속에서 그 사람은 확실한 자신의 위치를 찾고, 자신의 소극적인 역할에 종지부를 찍을 수 있습니다.

III. 영으로 성경 읽기

1. 성찰과 나눔

오늘 훈련의 과정 속에서 느낀 점을 서로 되돌아보고 나누는 시간입니다. 자신에게 의미 있게 다가왔던 부분뿐만 아니라 부담스럽거나 힘들었던 부분도 함께 이야기할 수 있습니다.

　같은 내용에 대해서 서로 다른 의견을 이야기할 수 있으나, 서로의 의견을 반박하는 일은 없도록 표현에 주의를 기울입니다.

2. 영으로 다가가기

길 떠남은 그분의 '말씀'에서 비롯되었습니다. "여호와께서… 이르시되… 너는… 떠나… 가라!" 이 말씀은 "임신하지 못하므로 자식이 없던" 여인의 남편에게 들려온 말씀입니다. 새 생명을 잉태하지 못함

〔不姙〕은 인간의 절망과 무기력을 상징합니다. 그런 인간이 하나님의 말씀, 희망과 능력의 말씀에 맞닥뜨립니다.* 새로운 삶에 대한 꿈은 무덤덤한 일상에 묻어둔 채 그저 안전하게 살아가려는 인간에게 들려오는 하늘의 음성입니다. 풍요와 안전을 보장해주는 기존의 세계를 떠나라는 목소리입니다. 그 세계에 가만히 머무르는 한 새로운 생명의 가능성은 없습니다. 안전마저 포기하고 위험까지도 무릅쓰고 불임의 세계, 옛 세계를 떠날 때 오히려 전혀 새로운 생명이 선물로 주어집니다. 그리고 이것은 결정적으로 나의 판단이 아니라 하나님의 부르심을 따라 사는 삶의 시작입니다. 그 목소리는 이렇게 말씀하시는 것 같습니다. "눈을 감고 떠나라… 너희 자신을 온전히 내게 맡기라"(칼뱅). 지금 우리의 영혼에도 그 목소리가 들려오지 않습니까? 우리는 그 음성을 어떻게 대하고 있을까요?

성령의 인도하심을 따르는 사람은 새로움을 용감하게 받아들입니다. 성령의 선한 일은 처음부터 다시 시작하는 일이며, 그 새로운 시작이 선사된 사람은 그것을 부끄러워하지 않고 기쁘게 받아들여야 합니다. 성령의 이끄심에 겸허히 나를 맡기고 몸을 움직이는 것, "내가 너에게 보여 주겠다"고 약속하신 그 땅으로 늘 새롭게 떠나는 것, 이것이 그리스도인의 모습이지요. 자신에게 제시된 새로운 가능성을 향해 늘 팔을 뻗는 것, 그에게 늘 새롭게 찾아오는 거룩한 초대

---

* 이후의 주석은 월터 브루거만, 『창세기』(한국장로교출판사, 2008)를 주로 참조했습니다.

와 명령의 빛 속에서 결코 멈추지 않고 앞으로 나아가는 것, 이것이
그의 삶입니다(Karl Barth, *Kirchliche Dogmatik*, IV/4, p. 43).

IV. 마무리

1. 호흡기도

편안한 자세로 서서 깊은 숨을 들이쉬고 내쉬면서 드리는 기도입
니다.

— 숨을 들이마시며: 길을 떠날 수 있는
— 숨을 내쉬며: 용기를 주소서.

2. 찬양♪ 〈나 주님의 기쁨 되기 원하네〉

나 주님의 기쁨 되기 원하네
내 마음을 새롭게 하소서
새 부대가 되게 하여 주사
주님의 빛 비추게 하소서

겸손히 내 마음을 드립니다

나의 모든 것 받으소서

나의 맘 깨끗케 씻어 주사

주의 길로 행하게 하소서

내가 원하는 한 가지 주님의 기쁨이 되는 것

내가 원하는 한 가지 주님의 기쁨이 되는 것

3. 함께 드리는 기도

우리 공동체 안에서 '떠남'을 눈앞에 둔 사람을 위해서 기도합니다.

마지막으로, 인도자의 기도로 여섯 번째 시간을 마칩니다.

〔모임 후 느낀 점〕

〔모임 후 느낀 점〕

제7과

"너, 복된 사람아!"

[귀 기울일 말씀]

시편 1:1-6

¹복 있는 사람은 악인들의 꾀를 따르지 아니하며 죄인들의 길에 서지 아니하며 오만한 자들의 자리에 앉지 아니하고 ²오직 여호와의 율법을 즐거워하여 그의 율법을 주야로 묵상하는도다 ³그는 시냇가에 심은 나무가 철을 따라 열매를 맺으며 그 잎사귀가 마르지 아니함 같으니 그가 하는 모든 일이 다 형통하리로다 ⁴악인들은 그렇지 아니함이여 오직 바람에 나는 겨와 같도다 ⁵그러므로 악인들은 심판을 견디지 못하며 죄인들이 의인들의 모임에 들지 못하리로다 ⁶무릇 의인들의 길은 여호와께서 인정하시나 악인들의 길은 망하리로다

마태복음 13:44

⁴⁴천국은 마치 밭에 감추인 보화와 같으니 사람이 이를 발견한 후 숨겨 두고 기뻐하며 돌아가서 자기의 소유를 다 팔아 그 밭을 사느니라

〔준비물〕

■ 전지: 4~5장
■ 필기도구
■ 찬양 악보 또는 가사 〈너는 시냇가에 심은 나무라〉

I. 도입

1. 몸으로 다가서기

길을 걷습니다. 열심히 걷습니다. 제 옆으로 많은 사람이 열심히 길을 걷습니다. 모두 앞을 내다보고 열심히 걸어갑니다. 모두 행복을 향해 걸어가고 있다고 말합니다. 하지만 그렇게 말하며 걷고 있는 사람들의 모습은 대부분 힘들고 지쳐 있습니다. 대부분의 사람이 '성공'이라는 저 멀리 있는 목표를 행복의 좌표로 여기고 그 곳을 향해 줄달음치고 있습니다. 현재의 불행은 미래의 성공이 충분히 보상할 것이라고 믿으면서 말이죠. 하지만 결국 그 목표 지점에 가보면 소수의 성공한 사람과 다수의 실패자가 존재할 뿐입니다. 나를 포함한 대다수의 사람은 패배의 상처와 상실감을 쓸어안으며 새로운 성공의 목표점을 향해 무거운 발길을 옮깁니다. 거기에 행복이 있다고 믿기 때문이죠.

그런데 과연 그곳에 행복이 진정 있기는 한 걸까요? 끊임없이 파랑새를 뒤쫓아 헤매는 우리의 발걸음을 멈출 필요가 있는 것은 아닐까요? 그리고 행복의 좌표를 새롭게 확인해야 하는 것은 아닐까요?

2. 웜업: 줄서기

1) 참가자들은 자유롭고 편안하게 서 있도록 합니다.
2) 인도자는 공간의 위치를 설명하면서 공간의 왼편이 0점에서, 오른 편으로 갈수록 점수가 증가하며, 오른편 끝이 100점의 위치임을 말해줍니다.
3) 이제 인도자가 어떤 질문을 던지면, 참가자들은 질문에 대한 답을 적절한 점수의 위치에 서는 것으로 대신합니다. 예를 들어, "나의 건강은 몇 점?"이란 질문을 던지면, 참가자들은 스스로 생각하는 자신의 건강에 대한 점수의 자리에 가서 섭니다. 이 점수는 철저히 주관적인 판단에 따르며, 이웃하고 있는 사람에게 점수를 물어 정 확한 자신의 위치(순서)에 서면 됩니다.
4) 참가자들이 이 웜업의 방식에 익숙해졌다고 판단되면, 참가자들 의 성공지수(난 성공했다)/행복지수/기대지수(앞으로 나는 나 자신 을 기대할 만하다) 등을 묻고 자리에 서도록 합니다.
5) 마지막 기대지수를 살펴본 뒤, 이웃하고 있는 3~4명씩 모둠으로 모여서 자신의 성공/행복/기대지수가 어떤지 이야기를 나눕니다.

II. 몸으로 성경 읽기

오늘 본문 말씀을 한 사람이 낭독할 때, 귀 기울여 듣습니다.

1. 훈련의 길 1 — 나의 일상 바라보기

1) 목적: 나의 걷고, 서고, 앉는 모습을 동료의 시각을 통해 반성하기

2) 활동

① 전체 인원을 두 개의 모둠으로 나누고, 모둠이 서로 마주보도록 일렬로 섭니다. 마주보고 있는 사람이 자기의 짝(파트너)이 됩니다.

② 한 모둠은 수업공간의 벽으로 물러서고, 나머지 모둠 사람들은 인도자의 구령에 따라 걷거나, 서거나(차렷 자세), 앉습니다. 이때 벽으로 물러나 있는 사람들은 자기 짝의 걷고, 서고, 앉는 모습을 주의 깊게 살핍니다.

(예시) "1번"이라고 외치면, 주변을 자연스럽게 걷다가, "2번"을 외치면 부동자세로 몸을 곧게 펴고 섭니다. "3번"을 외치면 주변 바닥이나 의자에 앉습니다.

③ 활동이 끝나면 짝(파트너)끼리 모여서 자신이 발견한 상대방의 특이한 모습(예: 허리를 굽히고 걷는 자세, 팔자걸음 등)을 이야기해주고, 교정해준다.

④ 역할을 바꿔서, 한 모둠이 공간의 벽으로 물러서고, 나머지 모둠 사람들이 걷고, 서고, 앉는 행동을 취합니다(2번, 3번 활동의 반복).

2. 훈련의 길 2 — 행복에 이르는 길

1) **목적**: 본문의 말씀을 통해 자기 자신을 성찰합니다.

2) **준비**: 전지크기의 백지, 필기도구, 셀로판 스카치테이프

3) **활동**

① 4개의 모둠으로 나눕니다(한 모둠에 5~6명). 각 모둠은 교실의 네 벽 또는 모퉁이로 이동하고, 각 모둠은 하나의 방이 됩니다.

② 각 모둠별로 벽에 1, 2, 3, 4 제목이 적힌 커다란 전지를 붙입니다.

1. 악한 꾀	내가 자주 의지하는 악한 꾀는?
2. 잘못된 목표	내가 추구하지 말아야 할 목표는?
3. 내가 갖고 있는 오만	내게 있어서 버려야 할 오만한 모습
4. 묵상해야 할 말씀	내가 늘 묵상하고픈 말씀은 무엇인가?

③ 각 모둠(방)은 해당 주제와 관련된 생각들을 전지에 쓰거나 그립니다.

④ 인도자의 지시에 따라 전체 모둠은 동시에 시계방향으로 이동하여 다음 방으로 갑니다.

3. 훈련의 길 3 ― 감추인 보화(집단역할극)

1) 활동

① 마태복음 13장 44절 말씀을 한 사람이 낭독할 때, 귀 기울여 듣습
니다.

② 본문과 관련하여 인도자는 전체 참가자를 대상으로 인터뷰하듯이
대화를 이끌어갑니다.

(예시) "본문에는 값진 보화를 발견한 어떤 사람의 이야기가 나옵

니다. 이 사람은 이 보화를 얻기 위해 자신의 전 재산을 팔아 그 보화가 감추어진 밭을 사려고 합니다. 과연 여러분이 생각하는 가장 값진 보화는 무엇입니까? 이 보화를 한번 생각해보겠습니다."

③ 인도자는 3~4명이 하나의 모둠이 되도록 참가자들을 나눈 뒤, 현재 자신의 삶에서 가장 값진 보화는 무엇인지 이야기를 나누게 합니다.

▶ 참가자들이 신앙, 사랑 등의 막연한 가치를 답할 수 있습니다. 예를 들어 '사랑'이라고 답하는 대신 현재 자신이 가장 사랑하는 대상을 구체적으로 이야기할 수 있도록 합니다.

④ 지금까지 참가자들은 자신이 소유하고픈 보화에 대해서 이야기를 나누었습니다. 이제 시각을 달리해서 참가자들이 감추어진 보화의 시각에서 생각해보도록 합니다.

(예시) "이제 시각을 조금 달리 해보도록 하겠습니다. 만일 여러분이 세상의 어딘가에 감추어진 보화라고 한다면, 어떤 보화이고 싶습니까? 누구에게 어떤 행복을 줄 수 있는 보화이길 원합니까?"

⑤ 자신이 어떤 보화이고 싶다고 누군가 대답을 하면, 인도자는 "혹시 여러분 중에 이런 보화를 발견하면 모든 것을 주고 살 분 있습니까?" 하고 물음으로써 누군가에게 이 보화의 가치가 수용될 수 있는 기회를 마련해주도록 합니다.

⑥ 마지막으로 모두는 각자 자신이 세상을 향해 되고 싶은 감추어진 보화의 모습을 생각하여, 그 모습을 종이에 적도록 합니다.

▶ 이 내용을 가지고 마지막 기도시간에 함께 고백하며 다짐하는 시간을 갖습니다.

III. 영으로 성경 읽기

1. 성찰과 나눔

오늘 훈련 과정에서 느낀 점을 서로 되돌아보고 나누는 시간입니다. 자신에게 의미 있게 다가왔던 부분뿐만 아니라 부담스럽거나 힘들었던 부분도 함께 이야기할 수 있습니다.

같은 내용에 대해서 서로 다른 의견을 이야기할 수 있으나, 서로의 의견을 반박하는 일은 없도록 표현에 주의를 기울입니다.

2. 영으로 다가서기

시편 1편을 통해 우리는 성경이 행복을 어떻게 바라보고 있는지 알수 있습니다. 먼저, 성경에서 행복은 일상적日常的인 삶의 차원에 있습니다. 본문은 이러한 일상적인 삶의 모습, '따르다'(길을 가다walk), '서다stand', '앉다sit' 같은 행위(1절)를 행복과 연관시키고 있습니다. 행복이란 하루하루 생활 가운데서 누리는 기쁨과 만족을 의미합니다.

둘째, 성경은 진정한 행복으로 인도하는 길과 거짓 행복으로 인도하는 길을 구별하고 있습니다. 악한 술수와 간교, 질서와 법을 무시하는 잘못된 방법, 재산이나 높은 지위 등의 오만한 방식으로는 사람이 진정한 행복에 이르지 못합니다. 그것은 잠시동안 행복으로 보일 수 있으나, "바람에 나는 겨"와 같습니다. 오히려 삶을 피폐하고 불행하게 만들기도 합니다.

셋째, 성경은 행복을 항상 하나님과 관련시키고 있습니다. 진정한 행복은 하나님의 가르침(토라)을 즐거워하고 밤낮으로 되새기는 (묵상하는) 사람에게 있습니다. 그 사람은 하나님의 뜻에 따라 걷고 서고 앉는 사람입니다. 그는 마치 시냇가에 심겨진 나무 같이 형통(행복)함을 누리게 됩니다. 그런 점에서 성경이 말하는 행복이란 구원받은 자의 삶, 천국의 삶을 말합니다.

넷째, 행복한 삶을 위해서 인간은 진정한 행복과 거짓 행복을 분별할 수 있는 지혜가 필요합니다. 진정한 행복(=천국의 삶)은 모든 사람에게 훤히 드러나 있지 않습니다. 행복은 "밭에 감추인 보화"(마 13:44)와 같다고 하겠습니다. 어떤 사람이 밭의 보화를 발견하고 자신의 전 재산을 팔아 그 밭을 삽니다. 여기서 말하는 보화가 무엇인지 분명하지는 않지만, 상당한 가치를 지닌 것임에 분명합니다. 우리가 오해하지 말아야 할 것은 그 사람이 밭을 산 이유는 그 보화를 다시 팔면 밭을 사는 데 들어간 재산보다 몇 배의 재산을 늘릴 수 있기 때문이 아니라, 그 보화 자체를 간직하기 위해서였습니다. 다시 말해서 그 보화의 가치 때문에, 자신이 가지고 있는 모든 재산을 다 팔아서 그 보화와 맞바꾼 것입니다. 재산 증식의 목적으로 밭을 산 것이 아니라, 전 재산을 버리는 대신 밭을 선택한 것입니다. 그 사람은 진정 가치 있는 것을 선택한 지혜로운 사람입니다.

사람들은 누구나 행복을 원합니다. 그러나 행복을 누리는 사람은 많지 않습니다. 우리는 우리를 짓누르는 거짓된 현실의 가치를 당연하게 받아들이는 대신, 이 현실 너머에 있는 진정한 가치, 깊이 있는 질서(실재)를 발견하고 누림으로써 행복해질 수 있습니다(게르트 타이센,『성서, 어떻게 가르칠 것인가』, 181쪽). 우리는 "세상을 거스르는" (튤리안 차비진,『더 크리스천』, 246쪽) 지혜와 용기가 필요합니다. 그 진정한 가치를 유지하는 것은 오랜 인고의 삶을 필요로 할지도 모릅니다. 나 혼자만의 외로운 길이 될 수도 있습니다. 그런 점에서 우리가 추구하는 행복은 어쩌면 우리가 찾아야 할 대상이 아니라, 우리가 스스로 보여주어야 할 과제입니다. 그런 점에서 우리에게는 감추어진 보화를 찾는 것 못지않게 감추어진 보화의 역할을 감당하는 것이 중요하리라고 봅니다. 본문의 복 있는 사람이란 복을 소유한 사람이라기보다는 복된 사람을 의미합니다. 진정한 행복은 소유의 차원이 아니라 존재의 차원인 것입니다.

IV. 마무리

1. 호흡기도

편안한 자세로 서서 깊은 숨을 들이쉬고 내쉬면서 드리는 기도입니다.

— 숨을 들이마시며: 주의 말씀을 따라
— 숨을 내쉬며: 행복을 누리게 하소서

2. 찬양 ♪ 〈너는 시냇가에 심은 나무라〉

너는 시냇가에 심은 나무라
하나님의 사랑 안에 믿음 뿌리 내리고

주의 뜻대로 주의 뜻대로

항상 사세요

3. 함께 드리는 기도

모두 원형으로 서서, [훈련의 길 3]에서 작성한 보화의 모습을 하나
님 앞에 기도하는 시간을 갖습니다. 예를 들어 "**하나님, 나는 웃는 웃
음이 되고 싶습니다. 웃음을 통해 늘 기쁨을 주고 싶습니다.**"

　　서약서를 순서대로 읽으며 서약을 합니다.

　　서로를 위해 합심으로 기도한 후, 마지막으로 인도자의 기도로
일곱 번째 시간을 마칩니다.

〔모임 후 느낀 점〕

게르트 타이쎈, 고원석 · 손성현 옮김, 『성서, 어떻게 가르칠 것인가』(동연, 2010).

계홍규, 『공동체의 마음을 열어 주는 웝업』(도서출판 큰빛, 2010).

다니엘 밀리오리, 장경철 옮김, 『기독교 조직신학 개론』(한국장로교출판사, 1994).

_____, 신옥수 · 백충현 옮김, 『기독교 조직신학 개론』(새물결플러스, 2012).

랭던 길키, 이선숙 옮김, 『산둥수용소』(새물결플러스, 2013).

만프레드 슈피처, 김세나 옮김, 『디지털 치매』(북로드, 2013).

발트라우트 포슈, 조원규 옮김, 『몸 ― 숭배와 광기』(여성신문사, 2001).

셰리 터클, 이은주 옮김, 『외로워지는 인간』(청림출판, 2012).

월터 브루거만, 『창세기』(한국장로교출판사, 2008).

조이스 럽, 최순님 옮김, 『내 인생의 잔』(한국기독교연구소, 2014).

튤리안 차비진, 정성묵 옮김, 『더 크리스천』(두란노서원, 2014).

호르스트 푈만, 이신건 옮김, 『교의학』(한국신학연구소, 2012).

Elisabeth Naurath, *Leib und Seele in Beziehung.* Wenn biblische Texte im Bibliodrama lebendig werden. in: Elisabeth Naurath, Uta Pohl Patalong (Hrsg.), *Bibliodrama: Theorie - Praxis - Reflexion* (Kohlhammer, 2002).

Karl Barth, *Kirchliche Dogmatik*, IV/4.

William Barclay, *The Gospel of Luke* (The Westminster Press, 1975).

성령으로 성경 읽기

김지철 목사

(전 소망교회 담임목사, 현 미래목회와말씀연구원 이사장)

"예수가 2000년 전에 유대 땅에서 십자가에 못 박혀 죽었다"라고 말하면 우리가 지닌 신앙과는 상관없이 누구나 역사적인 사건으로 받아들인다. 물론 역사학자도 그러하다. 하지만 "예수가 2000년 전에 유대 땅에서 '우리를 위하여' 십자가에 못 박혀 죽었다"라고 말하면 역사학자는 '너희를 위해서' 죽었는지는 모르겠지만 '나와는 상관이 없다'고 주장한다.

그 이유는 무엇일까? 예수님의 죽음은 역사 속에서 일어난 사건이기 때문이다. 그러나 동시에 우리의 죄를 대속하고 새로운 부활을 준비한 하나님의 사건이라고 신앙인들은 고백하기 때문이다. 무엇이 다를까? 바로 성령의 역사 때문이다. 그래서 성령으로 아니하고는 예수님을 메시아 주님이라고 고백할 수가 없다(고전 12:3)고 바울은 가르친다.

성경은 바로 그때에 3인칭의 정보를 제공하는 이야기가 아니라,

2인칭으로 다가오는 인격적인 사건으로 우리에게 다가온다. 성령은 성경을 읽으면서 2인칭('당신과 나')의 이야기를 1인칭 복수('우리') 이야기로, 그래서 하나님과 우리가 동행하는 삶의 경험 이야기로 바꾼다.

그러므로 우리에게 성경을 읽어 나가는 새로운 인식론을 요청하고 있다. 두 가지의 인식 방법론이 있다.

폰 라트(von Rad)는 『구약성경신학』에서 성경에 접근하는 두 가지 방법, 혹은 태도에 대해 언급한다. 하나는 조직적이고 철학적인 인식 방법론, 곧 이성적 합리적 접근 태도이다. 이것은 성경 본문에서부터(aus dem Text) 그 의미를 추출하는 방법이다. 문법적이고 역사적인 물음이 필요한 이유이다. 그때에 성경은 객관적 대상으로 다가온다. 다른 하나는 경험적이고 지혜적인 인식 방법이다. 바로 성경 본문과 함께(mit dem Text) 그 의미를 배우고 또한 인식하는 방법이다. 이는 성경 본문과 대화하면서 그 삶에 동참하면서 얻게 되는 경험적 인식이다.

그러므로 성경은 인간이 만든 모든 해석학적 방법론에 개방되어 있다. 왜냐하면 성경은 인간이 이해할 수 있는 언어로, 역사적 정황에서, 신앙공동체를 위하여 기록되었기 때문이다. 해석자는 성경을 의심의 해석학을 동원해서 비판적으로 읽어 내려간다. 하지만 그 다음 단계에 도달해야 한다. 성경을 읽은 사람은 다시금 성경을 통해 말씀하시는 분과 그분의 말씀 내용에 의해서 거꾸로 비판받을 각오를 해야 한다. 우리가 말씀을 읽으면서 나/우리의 죄악과 허물을 보며 그분의 거룩함 앞에 무릎을 꿇는 이유이다. 바로 거룩한 영인 성령께서 말씀을 통해 다가오는 하나님의 거룩함을 경험하며, 우리 자신의 죄인임을 깨닫는 처연한 경험을 하게 만든다.

이사야는 고백한다(사 6:5). "그 때에 내가 말하되 화로다 나여 망하게 되었도다. 나는 입술이 부정한 사람이요 나는 입술이 부정한 백성 중에 거주하면서 만군의 여호와이신 왕을 뵈었음이로다."

베드로는 고백한다(눅 5:8). "시몬 베드로가 이를 보고 예수의 무릎 아래에 엎드려 이르되 주여 나를 떠나소서 나는 죄인이로소이다."

성경을 읽는 사람과 성경과는 여섯 가지 면에서 상호연관성 안에 있다.

1) 해석자는 모든 해석학적 도구(역사비평적인, 언어적/역사적/사회적 도구)를 지니고 성경 본문을 대할 수 있다. 성경은 예수 그리스도 안에 나타난, 곧 역사 속에 행하신 하나님의 사건을 다루고 있기 때문이다.

2) 그러나 성경 본문은 종말론적인 하나님의 요구를 지니고 해석자에게 다가온다. 여기서 해석자는 본문에 언급된 하나님의 사건들을 파악하는 데 자기 인식의 한계성을 노출할 수밖에 없다.

3) 해석자는 다시금 '자기 비판적인 인식'(겸손한 마음)을 갖고 성령의 도우심을 요청하며 본문을 읽게 된다.

4) 해석자는 여기서 성경 본문이 자기 스스로 해석하는 생명의 능력이 있음을 깨닫는다. 해석자는 단순히 본문에서부터(aus dem Text)가 아니라 본문과 더불어(mit dem Text) 인식해야 한다는 사실을 깨닫게 된다. 성경 저자들은 말씀 자체이신 예수 그리스도를 보고 듣고 만지고 경험한 사람들의 신앙고백 속에서 그 텍스트를 기록했기 때문이다. 해석자는 성경이 인간을 향한 하나님의 거대한 사랑의 드라마요 구원 이야기(narrative)인 것을 깨닫는다.

5) 타임머신과도 같은 성령의 도우심을 받으면, 성경 본문은 역사적인 맥락을 넘어서 오늘의 상황 속에서 종말론적인 하나님의 요구를 갖고 우리에게 다가온다. 그리하여 해석자와 신앙공동체로 하여금 신앙적인 자기반성을 가능하게 한다. 동시에 하나님 사랑, 예수님 사랑으로 성경을 읽어나가야 할 당위성을 깨닫게 된다. 그렇지 아니하면 성경은 옛 고전의 한 책으로만 머물고 말 것이다.

6) 그때에 우리는 성경 본문을 사랑하면서 읽는 방법을 터득한다. 『나의 문화유산 답사기』를 쓴 유홍준의 인식론적인 초대는 옳다. "사랑하면 알게 되고, 알게 되면 보이나니 그때 보이는 것은 예전 것과 같지 아니하니라." 성경 읽기도 마찬가지다. 우리의 머리를 넘어서 가슴으로 읽는 방법이다. 딜타이(W. Dilthey)의 말처럼 "우리는 오로지 사랑을 통해서만 이해한다"는 말이 성경 읽기의 경우에 아주 적합하다.

따라서 3인칭의 정보에서, 2인칭의 대화로 그리고 1인칭 복수라는 하나님과 우리와의 신비스러운 사랑의 비밀로 성경을 읽는 즐거움을 누릴 수 있다. "주의 말씀의 맛이 내게 어찌 그리 단지요. 내 입에 꿀보다 더 다니이다"(시 119:103). 그때에 성경은 살아 있는 하나님의 말씀으로 우리에게 '아하 경험'('Aha' experience)을 창출한다. 수평의 자리에서 하늘로부터 오는 수직의 계시를 경험하고, 현실에서 초월을 느끼는 것이다. 성령으로 성경 읽기가 우리에게 사랑의 위대한 순종과 믿음의 헌신을 만들어내는 이유이다. 성경은 곧 하나님과 우리/나와의 거대한 사랑 이야기다. 이제 우리의 머리, 가슴, 손과발, 우리 몸으로 성경 이야기를 이 땅에서 펼쳐나가는 것이야말로 진정한 성경 읽기이다.

성경 읽기 프로젝트, 몸으로 영으로

2019년 9월 30일 초판 1쇄 발행
2022년 3월 15일 초판 2쇄 발행

지은이 | 고원석 · 손성현
펴낸이 | 김영호
펴낸곳 | 도서출판 동연
등   록 | 제1-1383호(1992. 6. 12)
주   소 | 서울시 마포구 월드컵로 163-3
전   화 | (02)335-2630
전   송 | (02)335-2640
이메일 | yh4321@gmail.com

Copyright ⓒ 고원석 · 손성현, 2019

ISBN 978-89-6447-522-5 03200

이 도서의 국립중앙도서관 출판예정도서목록(CIP)은 서지정보유통지원시스템 홈페이지
(http://seoji.nl.go.kr)와 국가자료종합목록 구축시스템(http://kolis-net.nl.go.kr)에서 이
용하실 수 있습니다. (CIP제어번호 : CIP2019037123)